Brennan Manning

# Der Blick, der dich heilt

Auf Jesus schauen und sich selbst annehmen

D1667800

scm R.Brockhaus

Die Edition A U F:Ä T M E N
erscheint in Zusammenarbeit
zwischen dem R. Brockhaus Verlag Wuppertal
und dem Bundes-Verlag Witten
Herausgeber: Ulrich Eggers

Die amerikanische Originalausgabe erschien unter dem Titel
A GLIMPSE OF JESUS bei HarperSanFrancisco, einem Imprint der
Harper Collins Publishers, Inc., New York.

Deutsch von Evelyn Reuter

© der deutschen Ausgabe:
R. Brockhaus Verlag Wuppertal 2005
Umschlag: Dietmar Reichert, Dormagen
Gesamtherstellung: Breklumer Druckerei Manfred Siegel KG
ISBN 3-417-24477-3
Bestell-Nr. 224 477

# Inhalt

# Vorwort

Dieses kleine Buch will nicht mehr sein als sein Titel verspricht: Nur flüchtig streifen wir die Gegenwart Jesu und erhalten einen winzigen Einblick in sein Wesen. Dieser winzige Einblick ist alles, was mir gewährt wurde. Ich schrieb meine Gedanken für mich selbst nieder und für alle, die ebenso von Selbsthass gequält wurden. Ich kann mir vorstellen, dass dieses Thema viele Leser ansprechen wird. Von allen geistlichen Problemen, die mir in den 28 Jahren meiner Tätigkeit als reisender Evangelist begegnet sind, war der Selbsthass das häufigste.

Krank machende Schuld, Schamgefühle, Gewissensbisse und Selbsthass zerstören die Achtung des Menschen. Es gibt ein unbestimmtes existenzielles Unbehagen Gott gegenüber, das Arme und Reiche, Theologen und Nicht-Theologen und Menschen sämtlicher Kulturkreise und Gesellschaftsschichten gleichermaßen befällt.

Das Buch mag stellenweise recht polemisch sein und stellt die Meinung gewisser kirchlicher Autoritätspersonen in Frage, nicht jedoch ihre persönliche Integrität oder Ernsthaftigkeit, mit der sie ihren Dienst versehen. Der Kirche die Schuld zuzuweisen ist ein unzulänglicher, kontraproduktiver Abwehrmechanismus, den ich nicht anwenden möchte. Die Kirche war damals mein Ort der Begegnung mit Jesus und wird es immer bleiben. Einer der vielen Gründe, dieses Buch zu schreiben, war für mich die Absicht, Basisarbeit zu leisten und zum stärker werdenden Bewusstsein der Gesellschaft beizutragen. Eine furchtlose Prüfung der Werte, Meinungen und Praktiken kirchlicher Amtsträger ist Teil der fortlaufenden Aufgabe einer stetigen Reform.

Auf die umfassenden Auswirkungen der sozialen Dimension des Evangeliums, die so lebenswichtig sind für christliche Erneuerung, werde ich hier kaum eingehen können, denn dies würde den Rahmen des Buches sprengen. Ein flüchtiger Einblick ist eben nicht mehr als ein flüchtiger Einblick. Aber auch nicht weniger.

Das Entscheidende ist vielleicht nicht, wie viel wir sehen, sondern wie stark unsere Fähigkeit ist, Jesus von Nazareth zu vertrauen und ihm nachzufolgen, ganz gleich wie lückenhaft sein Porträt und wie unvollständig dieser flüchtige Einblick auch sein mögen.

Kapitel 1

# Das Drehbuch des Selbsthasses

*Repetitio est mater studiorum* lautet ein altes lateinisches Sprichwort, »Wiederholung ist die Mutter des Studierens«. Ich möchte dieses Buch daher mit einer Geschichte beginnen, die ich bereits in meinem Titel »Kind in seinen Armen« von 1999 zitierte.

So wie Verdrängung der vorherrschende Abwehrmechanismus des vorigen Jahrhunderts war, steht heute die Projektion an erster Stelle. Betrachten wir also noch einmal Flannery O'Connors Kurzgeschichte *The Turkey* (»Der Truthahn«)[1]:

Der Anti-Held und Protagonist ist ein kleiner Junge namens Ruller. Er leidet unter einem schwachen Selbstwertgefühl, denn nichts, was er anfängt, scheint ihm zu gelingen.

Eines Abends im Bett hört Ruller, wie seine Eltern über ihn sprechen. »Ruller ist ein ungewöhnlicher Junge«, sagt sein Vater, »warum spielt er immer allein?« Und seine Mutter antwortet: »Woher soll ich das wissen?«

Als er eines Tages durch die Wälder streift, entdeckt Ruller einen verwundeten, wilden Truthahn. Eilig setzt er ihm nach. »Wenn ich ihn nur fangen könnte!«, denkt er. Und er würde ihn fangen, selbst wenn er ihn bis über die Landesgrenze hinaus verfolgen musste. Er sieht sich schon triumphierend mit dem Truthahn über der Schulter zur Haustür hereinkommen und hört die Familie rufen: »Da kommt Ruller mit einem wilden Truthahn! Sag mal, wo hast du den denn her?«

»Ach, den habe ich im Wald gefangen. Ich dachte, vielleicht freut ihr euch, wenn ich euch einen mitbringe.«

Doch dann trübt ein finsterer Gedanke seine Euphorie: »Gott wird mich wahrscheinlich diesem verdammten Truthahn den ganzen Nachmittag lang umsonst hinterherlaufen lassen.« Nun ja, man sollte nicht so schlecht von Gott denken, aber dies waren nun einmal seine Gedanken. Und man konnte doch nichts für seine Gedanken und Gefühle, oder? Er fragte sich, weshalb er wohl ein so ungewöhnliches Kind war.

Letztendlich gelingt es Ruller, den Truthahn zu erbeuten, denn nach einer Weile rollt der Vogel, durch eine alte Schusswunde geschwächt, tot zur Seite. Er wirft ihn sich über die Schulter und tritt den messianisch anmutenden Heimweg durch das Zentrum des Städtchens an. Er erinnert sich, wie schlecht er von Gott gedacht hatte, als er dem Vogel hinterherjagte. Vielleicht hatte Gott diesen schlechten Gedanken ein Ende bereitet, bevor es zu spät war. Er sollte ihm sehr dankbar sein.

»Danke, Gott«, sagt er. »Ich bin dir wirklich zu großem Dank verpflichtet. Dieser Truthahn wiegt bestimmt zehn Pfund. Das war sehr großzügig von dir.«

»Vielleicht ist dies ein Zeichen Gottes«, denkt er. Vielleicht sollte er Prediger werden. Er denkt an Bing Crosby und Spencer Tracy.

Den Truthahn geschultert, erreicht Ruller die Stadt. Er verspürt den Wunsch, etwas für Gott zu tun, aber er weiß nicht genau, was. Träfe er jetzt einen Straßenmusikanten, er würde ihm seinen Groschen geben. Es war der einzige Groschen, den er besaß, aber er würde ihn trotzdem verschenken.

Zwei Männer kommen ihm entgegen. Als sie den Truthahn sehen, pfeifen sie anerkennend durch die Zähne. Mit lautem Rufen machen sie ein paar andere Männer an einer Straßenecke auf den Vogel aufmerksam. »Was glaubst du, wie viel der wiegt?«, fragen sie.

»Mindestens zehn Pfund«, antwortet Ruller.

»Wie lange hast du ihn denn gejagt?«

»Ungefähr eine Stunde«, sagt Ruller.

»Nicht schlecht. Na, dann musst du jetzt ziemlich müde sein.«

»Bin ich nicht, aber ich muss jetzt gehen«, entgegnet Ruller.

»Ich hab's eilig.« Er kann es nicht erwarten, nach Hause zu kommen.

Wenn er doch nur einem Bettler begegnen würde! Einem plötzlichen Impuls folgend, betet er: »Herr, schicke mir einen Bettler über den Weg, bevor ich unser Haus erreiche.« Gott hatte ihm diesen Truthahn vor die Füße gelegt. Ruller ist seiner Sache ganz sicher: Bestimmt würde Gott ihm auch einen Bettler senden. Er war überzeugt: Gott interessierte sich für ihn, weil er so ein ungewöhnlicher Junge war.

»Bitte, jetzt« – und kaum hat er die Worte ausgesprochen, sieht er eine alte Bettlerin, die genau auf ihn zukommt. Rullers Herz klopft laut in seiner Brust. Als die Frau näher kommt, läuft er zu ihr hin und ruft: »Hier, nehmen Sie das!«, und drückt ihr den Groschen in die Hand. Dann stürzt er davon, ohne sich umzusehen.

Als sein Herzschlag wieder langsamer wird, spürt er, wie ein neues Gefühl seine Brust erfüllt – ein Gefühl des Glückes und der Verlegenheit zugleich. »Vielleicht«, denkt er, »werde ich ihr meine gesamten Ersparnisse schenken«. Er meint zu schweben.

Da bemerkt er hinter sich eine Gruppe Bauernjungen. Er dreht sich um und fragt großmütig: »Wollt ihr mal den Truthahn hier sehen?«

Sie starren ihn an: »Wo haste den denn her?«

»Im Wald gefunden. Ich hab ihn gejagt, bis er tot umfiel. Hier, er hat eine Schusswunde unter dem Flügel.«

»Lass mal sehen«, sagt einer der Jungen. Ruller gibt ihm den Truthahn. Der Kopf des Vogels schlägt Ruller ins Gesicht, als der Bauernjunge die Beute schwungvoll über seine eigene Schulter wirft. Dann dreht er sich ohne Hast um und schlendert davon, gefolgt von seinen Freunden.

Ruller steht da wie versteinert. Als er in der Lage ist, sich zu bewegen, ist die Gruppe schon eine Viertelmeile entfernt, so weit, dass er sie kaum noch sehen kann. Langsam, sehr langsam, tritt er den Heimweg an.

Nachdem er eine kurze Stecke gegangen ist, merkt er, wie dunkel es bereits ist, und fängt an zu rennen. O'Connors eindrucksvolle Erzählung endet mit den Worten: »Er lief schneller und schneller, und als er in seine Straße einbog und zu seinem Haus hochlief, raste sein Herz so schnell wie seine Beine und er war sicher, dass ein grauenhaftes Etwas hinter ihm her jagte, bereit, ihn mit eisernen Klauen zu umklammern.«

Die Geschichte spricht für sich und bedarf wohl kaum einer näheren Erläuterung. In dem Jungen Ruller mögen sich viele Christen wiederfinden, bloßgestellt in ihrer Verletzlichkeit. Unser Gott ist ein Gott, der gütig und wohlwollend Truthähne schenkt und sie uns dann willkürlich und ohne Vorwarnung wieder wegnimmt. Wenn Gott uns etwas schenkt, ist dies ein Zeichen, dass wir ihm nicht gleichgültig sind, ein Zeichen seiner Güte und seines Wohlwollens. In diesem Fall empfinden wir eine behagliche Nähe zu Gott und schwingen uns zu den Gipfeln der Großzügigkeit auf. Nimmt Gott uns das Geschenkte wieder weg, interpretieren wir dies als Zeichen seines Missfallens, seiner Zurückweisung und Rache. Dann fühlen wir uns auf einmal fern von Gott, von ihm verraten und verlassen. Gott ist unberechenbar, launenhaft und nicht greifbar. Er weckt Hoffnungen, um sie gleich darauf wieder zu zerschmettern. Erbarmungslos führt er uns unsere Sünden der Vergangenheit vor Augen und übt rachsüchtig Vergeltung, indem er uns die Truthähne namens Gesundheit, finanzielle Sicherheit, inneren Frieden, Macht, Erfolg und Freude entreißt.

## Projektionismus

Das Drehbuch des Selbsthasses beginnt mit diesem verzerrten Gottesbild. Der Mathematiker und Philosoph Blaise Pascal schrieb, dass Gott den Menschen nach seinem Bilde schuf und der Mensch es ihm dann gleichtat.[2] Der Mechanismus der Projektion ist ein Prozess, bei dem wir Gott unwissentlich unsere eigenen Gefühle und Verhaltensweisen zuschreiben, als unbewusste Abwehrhaltung gegenüber unserer eigenen Unzulänglichkeit oder Schuld. Der Autor James Burtchaell schreibt dazu: »Tatsächlich haben viele falsche Vorstellungen, die unsere Meinung von Gott beeinflussen, ihren Ursprung in der prägenden Phase eines Menschen – in seiner Jugend. Von den Eltern hört das Kind, dass Ungehorsam, Streit mit den Geschwistern oder Lügen Gott missfallen und seinen Ärger hervorrufen. Das Kind wächst heran, geht zur Schule und macht die Entdeckung, dass Gott dieselben, manchmal übertriebenen Forderungen stellt wie seine Lehrer. Der Gott in der Kirche dagegen hat andere Schwerpunkte gesetzt. Ganz vorn steht die Dringlichkeit des ›Gemeindewachstums‹, sprich, die Zahl der Mitglieder in drei Jahren zu vervierfachen. Obwohl dies seinen Horizont übersteigt und an seinen Interessen vorbeigeht, ist sich das Kind der Tatsache bewusst, dass Gott häufige, unmissverständliche und immer wiederkehrende Forderungen an seine Leute stellt. Erreicht das Kind die Pubertät, stellt es fest, dass sich Gottes Interessengebiet erweitert hat: Er ist besessen von Sex, Alkohol und Drogen.«[3]

Letztendlich, so beobachtet Burtchaell, zieht der Heranwachsende einen beunruhigenden Schluss aus der Interessenverschiebung Gottes:

»Nachdem er den Kinderschuhen entwachsen ist, wird er gewahr – manchmal mit Verbitterung –, dass Gott von allen, die dafür zuständig waren, ihm Disziplin beizubringen, als Druckmittel benutzt wurde. Hatte er zu Hause so viel Unfug angestellt, dass der Mutter der Geduldsfaden riss, bekam er wahrscheinlich die Worte zu hören: ›Na warte, wenn Papa heute Abend heimkommt, dann kannst du was erleben!‹ Sind Vater und Mutter beide mit ihrer Weisheit am Ende, gibt es immer noch die göttliche Strafe, auf die man verweisen kann. Der Gottesbegriff ist also unweigerlich mit Angst verknüpft.«[4]

Die Christenheit, die unaufhörlich ihren eigenen Gott projiziert und ihn nach ihrem eigenen Bild modelliert, bezahlt einen hohen Preis der Angst: eine Übergewissenhaftigkeit, die in allem und jedem eine Sünde sieht und ein unbestimmtes Gefühl existenzieller Schuld. Der Jesuit Bernard Bush schreibt:

>Solche Gefühle kommen aus uns selbst und werden von uns auf das Wesen Gottes projiziert. Das kann dazu führen, dass wir uns für echte oder eingebildete Sünden gnadenlos strafen, ohne die Fähigkeit, uns jemals selbst zu vergeben. (...) Zum Glück hat Christus uns den wirklichen Gott in unmissverständlich menschlicher Gestalt offenbart. Er entlarvte Projektion als Götzendienst und zeigte uns den Weg, davon frei zu werden. Es bedarf einer tief greifenden Wandlung, um von ganzem Herzen zu glauben, dass Gott ein barmherziger, liebender Gott ist, der uns so annimmt, wie wir sind – nicht trotz unserer Sünden und Fehler, sondern mit ihnen. Gott billigt weder das Böse noch sieht er darüber hinweg, doch er verweigert uns nicht seine Liebe, weil wir das Böse in uns tragen. Der Schlüssel zu diesem Verständnis ist die Art und Weise, was wir von uns selbst denken. Wenn wir uns selbst nicht lieben, können wir auch keine Liebe von anderen annehmen oder ertragen. Wie viel weniger könnten wir glauben oder bejahen, dass Gott uns lieben könnte.«[5]

Ob wir uns ihn als allmächtigen, allgegenwärtigen Schuft vorstellen, der uns den inneren Frieden stiehlt, oder als das »grauenhafte Etwas«, das hinter uns herjagt – diese verzerrten, zu Karikaturen gewordenen Bilder des Gottes, den wir durch und in Jesus erkennen, erzeugen Angst, Wut, Selbsthass und eine quälende Unsicherheit, was unsere Beziehung zu Gott betrifft. Bei meinen Streifzügen durch das Land in den Jahren als reisender Evangelist begegnete ich Menschen aus allen Bevölkerungsschichten, vom Firmenchef bis zum Obdachlosen, und es wurde mir klar, dass religiöse Projektion und Selbsthass sehr weit verbreitete, übergreifende Phänomene sind.

# Perfektionismus

Der Perfektionist im spirituellen Bereich ist gefangen im Sünder-oder-Heiliger-Syndrom und wird beherrscht von einer Alles-oder-Nichts-Mentalität. Wenn sein geistlicher Lehrer ihm sagt, er habe vermutlich aus Teresa von Avilas Werk »Die innere Burg« die sechste Wohnung (d.i. Stufe der Weisheit, Anm. der Übers.) erreicht, grämt sich der Perfektionist, dass er nicht schon bei der siebten angelangt ist. Er gelobt, sich noch mehr anzustrengen und durchforstet die Bibliotheken, um festzustellen, ob Richard Foster, Tilden Edwards oder Gerald May etwas Neues über Mystizismus geschrieben haben. Durch zwanghafte und ständige moralistische Selbstanalyse beraubt er sich der Möglichkeit, seine Armut vor Gott mit Gelassenheit zu akzeptieren.

»Ich hoffe, es ist deutlich geworden, dass Gefühle der Schuld, begleitet von Ängsten, Furcht und Ruhelosigkeit, tief in unserem Inneren entspringen und kein Maßstab für die Beschaffenheit unserer Seele vor Gott sind«, ermahnt Bernard Bush. »Wir können nicht davon ausgehen, dass Gott uns gegenüber dieselben Gefühle hegt wie wir es tun, wenn wir uns nicht wirklich und frei jeglicher Zwänge selbst lieben.«[6]

Der Perfektionist wird Schwäche als Mittelmäßigkeit und Inkonsequenz als Autoritätslosigkeit auslegen. Sein Streben nach Perfektion ist größer als sein Streben nach Gott. Das Zeugnis von Christen wie Mutter Theresa, Rosa Parks, Billy Graham oder Tony Campolo empfindet er nicht als Inspiration, sondern als stummen Vorwurf. Das schmerzliche Bewusstsein, sich um der Bequemlichkeit willen verraten zu haben und Kompromisse eingegangen zu sein, die unwiderruflich scheinen (und die immer zahlreicher werden), ist für ihn eine Quelle großer seelischer Qual.

Eine barmherzige Art der Selbstannahme ist für den Perfektionisten einfach unvorstellbar. Er ist der Auffassung, dass

Sünde und Gnade nicht in einer Person nebeneinander bestehen können und dass Unvollkommenheit und Kreativität sich ausschließen. Eine gegenteilige Meinung bedeutet für ihn ein rührseliges Zugeständnis, das nur für diejenigen zutrifft, die nicht nach geistlicher Vollkommenheit streben. Der Apostel Paulus schreibt jedoch: »Denn ich weiß, dass in mir, das heißt in meinem Fleisch, nichts Gutes wohnt. Wollen habe ich wohl, aber das Gute vollbringen kann ich nicht. Denn das Gute, das ich will, das tue ich nicht; sondern das Böse, das ich nicht will, das tue ich« (Römer 7,18-19). Und Bernard Bush bemerkt zu dieser allgemein verbreiteten menschlichen Schwäche: »Nie wurde dies treffender und prägnanter ausgedrückt. Paulus entdeckt die Hand Gottes und einen Nachhall des Lobpreises sogar bei der Betrachtung seiner eigenen Sündhaftigkeit.«[7]

Der Perfektionist misst seinen persönlichen Wert für Gott daran, in welchem Maße es ihm gelingt, sich Tugenden anzueignen und Laster auszumerzen. Auf den reinigenden und erleuchtenden Pfaden, die zur Erlösung führen, kommt seine Vision einem erzwungenen Siegeszug gleich. Das Ergebnis ist ein unrealistisch negatives Selbstbild. Innerer Frieden oder Freude sind dem Perfektionisten fremd. Die Lücke, die zwischen dem idealen und dem realen Selbst klafft, verhindert eine innere Einstellung der Dankbarkeit und macht den Perfektionisten anfällig für Stimmungsschwankungen.

»Perfektionisten neigen dazu, auf ein vermeintliches Versagen mit einem starken Verlust der Selbstachtung zu reagieren, was der Auslöser für schwere Depressionen und Angstzustände sein kann.«[8] Auch das zwanghafte Streben nach geistlicher Perfektion, das nicht dem Geist Gottes entspricht, sondern den Bedürfnissen dieser Welt entspringt, fügt dem Drehbuch des Selbsthasses eine weitere Szene hinzu.

# Moralismus und Gesetzlichkeit

Die Gewohnheit, zu moralisieren, richtet unter Christen großen Schaden an. Es besteht die Gefahr, sich einem unumstößlichen Moralkodex verantwortlich zu fühlen anstatt Gottes liebendem Ruf zu folgen. Moralismus und dessen Stieftochter, die Gesetzlichkeit, reduzieren die Geschichte der Liebe Gottes für seine Kinder auf die Befolgung lästiger Pflichten und repressiver Gesetze. Eine durch Gesetzlichkeit entstellte Religion beschäftigt sich mit Nebensächlichkeiten anstatt mit den eigentlichen Inhalten.

Nach einer Beerdigung sagte ein wohlmeinender Freund in einer Rede über den Verstorbenen: »John war ein wunderbarer Christ. Er ging jeden Sonntag zur Kirche, war nur einmal verheiratet und hat nie schmutzige Witze erzählt.« Hier wird das Gesetz zum Kriterium für Heiligkeit und seine Einhaltung zum Beweis für ein Leben unter dem Wort Gottes. Die Pharisäer taten nichts anderes!

»Gesetzlichkeit erzeugt eine Maske der Gleichförmigkeit, die den Gläubigen in seinen Augen heilig erscheinen lässt und ihn somit davon abhält, zur Selbsterkenntnis zu gelangen. Ein gesetzlich geprägter Glaube stellt die menschliche Willenskraft in den Vordergrund. Diese Betonung der persönlichen Anstrengung macht den gesetzlichen Christen unfähig, seine wirklichen Gefühle, seine eigene Zerbrochenheit und die daraus folgende Notwendigkeit der Erlösung zu erkennen. (...) Er neigt dazu, alle anderen zu verachten, die es mit der Befolgung der Gesetze nicht so streng genau nehmen. Damit erhebt er sich über die Sünder, die Außenseiter und Nonkonformisten. Diese Selbsterhöhung und Betonung der eigenen Urteilskraft, gepaart mit dem Mangel an Selbsterkenntnis, machen es dem gesetzlichen Christen unmöglich, die göttliche Gnade zu empfangen; er lebt nicht im Glauben.«[9]

Die geschichtliche Entwicklung zeigt, dass die *Moral Majority* (Anm. d. Übers.: Politische Interessengruppe in den Vereinigten Staaten, die aus konservativen und fundamentalistischen Christen bestand; die Gruppe löste sich 1989 auf) die Religion der Bibel zur armseligen Karikatur gemacht hat. Das Angesicht eines barmherzigen Gottes wurde vollständig verschleiert; wesentliche christliche Werte wurden zugunsten eines unbarmherzigen Moralismus ignoriert, wobei das Dämonische die liebende Dimension des Evangeliums überschattete. Mit gesetzlichen Formulierungen versuchten die Moralisten, das moralische Bewusstsein der Amerikaner zu manipulieren, moralische Alternativen einzugrenzen und moralische Erkenntnisse und Einsichten völlig umzukrempeln. Der Gott der *Moral Majority* ist ein repressiver Gesetzgeber und strenger Zuchtmeister; die Gute Nachricht von Jesus Christus erhielt einen fanatischen Beigeschmack; die Kraft des Evangeliums wurde entstellt und zu etwas grundsätzlich Bedrohlichem gemacht.

»Der selbstgefällige Christ findet eine widernatürliche, rachsüchtige Befriedigung darin, das Schicksal jener vorauszusehen, die er als seine Feinde und die Feinde Gottes betrachtet«, bemerkt der Ethiker James Gaffney. Weiter schreibt er:

»Folglich können gewisse Elemente des Neuen Testaments isoliert und aufgebläht werden, was so weit geht, dass sie die gesamte zentrale Bedeutung des Neuen Testaments verfälschen und das gesamte christliche Leben irreleiten. Ebenso wie der christliche Glaube seine im Denken begründeten Irrlehren hat, so hat die christliche Ethik ihre Irrlehren der Gesinnung und des Verhaltens. Das Evangelium im Glauben anzunehmen heißt, seine Schwerpunkte zu respektieren und seine Balance zu wahren.«[10]

Lasst die Christenheit ärgerlich ihre Stimme erheben gegen die verlogenen moralistischen Parolen, die sich häufen, ohne dass jemand Einhalt gebietet! Pfarrer Jerry Falwell prangerte die Schrecknisse der Pornografie an und rechtfertigte zugleich die

Verbreitung von Nuklearwaffen und den Einsatz der Atombombe! (Es klang durchaus vernünftig: Ein Völkermord ist kein besonders evangelistisches Anliegen, verglichen mit dem Kampf gegen die Schundliteratur.) Vor ungefähr 350 Jahren schrieb Blaise Pascal in prophetischer Voraussicht, dass die Menschen das Böse so vollständig und unbeschwert tun, wenn sie aufgrund religiöser Überzeugung handeln.[11]

Ein staatlicher Fernsehsender zeigte, wie Pat Robertson, andächtig mit dem Kopf nickend, Pastor Falwell zustimmte, als dieser die Homosexuellen, die Feministinnen, die Abtreibungsbefürworter, die *People For the American Way* (Anm. d. Übers.: liberale politische Organisation) und die ACLU (Anm. d. Übers.: American Civil Liberties Union, US-Bürgerrechtsorganisation) für das Attentat vom 11. September verantwortlich machte, da sie alle den Zorn Gottes heraufbeschworen hätten. Falwells Gott gleicht einer fanatischen, blutrünstigen Gottheit, die kaltblütig zu Mitteln des Djihad greift. Welch Hohn auf das Evangelium und welch schlechte Presse für den echten christlichen Glauben! »Der Schöpfer, den man gegen das Geschöpf ausspielen kann, ist ein falscher Gott«, schreibt der große Theologe Ernst Käsemann, »und falsche Götter machen auch fromme Menschen unmenschlich, wie die Kirchengeschichte auf hundert und tausend Seiten belegt.«[12]

Unglücklicherweise ist Religion anfällig für Missverständnisse, die zur Gesetzlichkeit führen. Eine Abhängigkeit von Zeremonien und die Befolgung von Geboten führt nur allzu leicht zu einem falschen Vertrauen in die äußerlichen Merkmale der Religion und schafft einen geheimnisvollen Nimbus geistlicher Überlegenheit. Erkennt der neutrale Beobachter einen Christen an seinen frommen Glaubenspraktiken und dem regelmäßigen Besuch von Gottesdienst und Bibelstunde oder daran, ob sein Handeln im alltäglichen Leben von Liebe durchdrungen ist? »Der größte Klotz am Bein der sich auf Traditionen gründenden Religion sind nicht ihre Würdenträger«, behauptet die Autorin

Barbara Doherty, »sondern dass von Seiten der Kirchenleitungen und der Mitglieder allzu leicht hingenommen wird, dass kirchliche Rituale und religiöse Handlungen die persönliche Ebene des Glaubens und die Opferbereitschaft ersetzen.«[13]

Ein weiterer Gesichtspunkt ist, dass die Gesetzlichkeit versucht, jede moralische Entscheidungsfreiheit durch bestehende Vorschriften zu regeln. So wird das Gesetz schnell zum Selbstzweck, anstatt Mittel zum Zweck zu sein. Das Ergebnis widerspricht dem ursprünglichen Grundgedanken des religiösen Gesetzes. Jesus sagte mit großer Deutlichkeit, dass das Gesetz Ausdruck der Liebe Gottes und der Nächstenliebe sei und dass eine Frömmigkeit, die der Liebe im Weg steht, Gott selbst im Weg steht. »Eine derartige Freiheit war eine Herausforderung für die jüdische Lehre«, bemerkt der Wissenschaftler und Neutestamentler John O'Grady. »Doch Jesus sagte, er sei nicht gekommen, um das Gesetz aufzuheben, sondern um es zu erfüllen. Was er uns anbietet, ist kein neues Gesetz, sondern eine neue Einstellung zum Gesetz, eine Einstellung, die auf Menschlichkeit und Liebe beruht.«[14]

Ferner zerstörte Jesus die gesetzliche Vorstellung der Belohnung für moralische Leistung und die arrogante Erwartung, wir könnten dadurch die Himmelsleiter um einige Sprossen mehr nach oben klettern. Die Mentalität, mit Gott zu handeln (»Herr, ich habe dies und das für dich getan, deshalb schuldest du mir jenes«), wird in dem unbequemen Gleichnis der Arbeiter im Weinberg zunichte gemacht (Matthäus 20,1-16). Wir können uns die Erlösung weder verdienen noch ist Gott sie uns aufgrund unserer guten Taten schuldig. Wir können sie nur voller Demut und Dankbarkeit aus der liebenden Hand des Vaters empfangen.

In Flannery O'Connors Kurzgeschichte »Revelation« (»Offenbarung«) geht es um Mrs. Turpin, eine borniete, selbstgerechte Christin, die alle Schwarzen (die sie Nigger nennt), alle weißen Außenseiter der Gesellschaft und alle körperlich und geistig Behinderten (die sie Missgeburten und Schwachsinnige nennt) verabscheut. Als sie vor dem Schweinestall hinter ihrem Haus steht, hat sie eine Vision – die »Offenbarung«. Von der Erde zum Himmel spannt sich eine schwingende, leuchtende, feurige Brücke, und über diese Brücke »eilten große Scharen von Seelen gen Himmel. Ganze Horden weißer Außenseiter, zum ersten Mal in ihrem Leben rein von allem Schmutz, ein Heer von Schwarzen in weißen Gewändern und ein Heer von Missgeburten und Schwachsinnigen, laut rufend, in die Hände klatschend und hüpfend wie Frösche. Den Schluss bildete eine Schar Menschen wie sie, die würdevoll hinter den anderen her marschierte, als der Inbegriff für Recht und Ordnung, gesunden Menschenverstandes und anständiges Benehmen, wie sie eben immer waren. Nur fielen sie nicht aus der Rolle. Dennoch konnte sie aus ihren bestürzten, verwandelten Gesichtern schließen, dass selbst ihre Tugenden und Privilegien der glühenden Hitze nicht standhalten konnten.«[15]

Alles ist ein Geschenk unseres gnädigen, gütigen Vaters, wie es uns auch das Gleichnis vom verlorenen Sohn immer wieder anschaulich macht. Der holländische Theologe Edward Schillebeeckx schreibt:

»Die Einstellung, eine Belohnung für eine bestimmte Leistung zu erhalten (etwa für ein Leben im Zölibat für Gott) und sich zu ärgern (weil der jüngere Bruder, der ebenso sein Leben für das Reich Gottes hingeben wollte, dann doch heiratet), wird durch dieses Gleichnis zunichte gemacht, da sie der Praxis des Reiches Gottes deutlich widerspricht. Welches Urteil in diesem Fall auch gesprochen wird, sowohl das Zölibat als Anspruch auf Belohnung als auch die Missgunst gegenüber dem jüngeren Bruder sind Vorstellungen, die der Orthopraxis [dem rechten Handeln, Anm. d. Übersetzters] des Königreichs Gottes fremd sind.«[16]

Die Sex-Skandale, die wiederholt die römisch-katholische Kirche in die Schlagzeilen bringen, sind eine Tragödie erschreckenden Ausmaßes. Und das nicht nur, weil die verabscheuungswürdigen Handlungen einer kleinen Minderheit von pädophilen und ephebophilen Priestern unaussprechliches Leid und seelischen Schaden bei zahllosen Kindern und Jugendlichen anrichten, sondern auch weil der Kult des Schweigens und der Verlogenheit in der Kirchenhierarchie, gepaart mit veralteten Führungsstrukturen und einer über die Jahrhunderte angestauten Überheblichkeit, zu einem nie da gewesenen Vertrauensbruch mit der kirchlichen Obrigkeit geführt hat. Als gläubiger Katholik habe ich gemeinsam mit Protestanten und evangelikalen Glaubensgeschwistern getrauert, die untröstlich sind über diese Wunde, die dem Leib Christi zugefügt wurde. Und ich bin überzeugt: Würden wir mutig nach einem Konsens der Gläubigen suchen, dann würde der Geist Gottes – der durch den gesamten Leib Christi spricht – bestätigen, dass die katholische Kirche dringend einer radikalen Reform bedarf und dass wir Themen wie das vorgeschriebene Zölibat und ein ausschließlich Männern vorbehaltenes Priesteramt unbedingt überdenken müssen.

Traurigerweise bleibt die Gesetzlichkeit eine Dimension des christlichen Lebens und erzeugt eine seltsame Art von Selbsthass. Es gibt keine Statistiken darüber, wie viele Christen durch die Angst einflößenden Grimassen der Gesetzlichkeit aus der Kirche vertrieben oder eines aktiven geistlichen Lebens beraubt wurden. Doch ich erinnere mich noch an den Brief eines Studenten, den ich erhielt und der für sie alle spricht: »In meiner damaligen Gemeinde bekam ich Kontakt zu einer Jugendgruppe, in der mir eine Angst vor Gott und das Gefühl vermittelt wurden, ich müsste um meine Erlösung bangen. Es war geistlicher Terrorismus, und ich kam zu dem Schluss, dass es für mich keinen Grund mehr gab, überhaupt noch zur Kirche zu gehen.«

Die Kirche, mit all ihren Strukturen und Facetten, sollte helfen, das Problem des Selbsthasses zu lösen anstatt ein weiteres Kapitel zum Drehbuch des Selbsthasses zu schreiben. »Denn sie glaubt an Gott, den Vater, für den es keine wirkliche Ungnade gibt. Er kann uns nicht verachten, denn er rechnet uns unsere Übertretungen nicht zu. Doch die Kirche war seit jeher versucht, sich das angeborene menschliche Gefühl der Scham zunutze zu machen, um sich einen taktischen Vorteil zu verschaffen. Der Herr, dessen liebevolles Sorgen unsere größte Quelle des Friedens sein sollte, wird wieder und wieder dadurch entstellt, dass in den Kirchen ein Gott des Zorns gepredigt wird.«[17]

## Ungesunde Schuld

Durch gesunde Schuld wird dem Drehbuch des Selbsthasses kein einziger Absatz hinzugefügt. Im Gegenteil, ein Bewusstsein für unsere persönliche Sündhaftigkeit führt zu einer realistischen Konfrontation, einer schonungslosen Ehrlichkeit und zur Selbsterkenntnis. Wenn unser Gewissen sich meldet, verspüren wir Reue und den Wunsch nach Versöhnung und innerem Frieden.

Wie bei einem Streit unter Eheleuten wird durch Versöhnung nicht nur die Schuld der Vergangenheit vergeben, sondern auch die Beziehung durch eine neue Dimension des Vertrauens und der Sicherheit bereichert. Es liegt eine größere Dynamik im Teilen unserer Schwächen als darin, dass wir nur die starken Seiten des Partners kennen. Die Vergebung Gottes ist kostenlos und bedingungslos und bietet Befreiung von der Herrschaft der Schuld. Gott sieht über unsere Vergangenheit hinweg und befreit uns von gegenwärtigen oder zukünftigen Folgen unserer Übertretungen der Vergangenheit, so dass wir erleichtert rufen können: »Wie Fehler sich zum Guten wenden!« Der sündhafte, reuevolle verlorene Sohn erfuhr in seiner Zerbrochenheit eine enge, von Freude geprägte Beziehung zu seinem Vater, die sein sündloser, selbstgerechter Bruder niemals kennen lernen würde.

Der vielleicht größte Verdienst der Gemeinschaft der Anonymen Alkoholiker ist die Aufgabe, ihre Mitglieder dahin zu führen, dass sie sich vorbehaltlos zu ihrer eigenen Bedürftigkeit und Zerbrochenheit bekennen, dass sie ihr Scheitern auch in der Öffentlichkeit gestehen und für ihr nur allzu menschliches Verhalten die Verantwortung übernehmen. Dazu gehört auch, eine Rede mit den Worten zu beginnen: »Mein Name ist Brennan. Ich bin Alkoholiker.« Ich brauche meine Krankheit weder zu verstecken noch zu beschönigen, bagatellisieren, rationalisieren oder zu rechtfertigen. Mit diesen Worten gebe ich offen zu: »Würde ich auch nur ein Glas Alkohol trinken, könnte ich weder für mein Benehmen garantieren noch vorhersagen, wann ich mit dem Trinken aufhören würde, denn ich bin das Opfer einer körperlichen und seelischen Abhängigkeit. Ich bin machtlos gegen Alkohol und nicht mehr in der Lage, mein Leben zu bewältigen«.

Es ist der Verdienst der Anonymen Alkoholiker, mir die Augen zu öffnen und mich selbst so zu sehen, wie ich bin; mir ein gesundes Schuldgefühl zu vermitteln; mir Dinge zu sagen, die Freunde mir – aus Angst, abgewiesen zu werden – nie sagen würden. Bei den AA-Treffen werde ich ermutigt, meine Schwäche einzugestehen, bevor ich sie leugnen kann. Hier wird mir kein Gefühl der Verlegenheit aufgedrängt. Bei der Geschichte meiner Alkoholkrankheit geht es um ein fremdgesteuertes Verhalten unter dem zeitweiligen schädlichen Einfluss des Alkohols. Bewusst oder unbewusst erhalte ich durch die Empathie, das Mitgefühl und die bedingungslose Annahme der anderen Alkoholiker einen flüchtigen Blick auf die unbeirrbare Liebe Abbas, des himmlischen Vaters, der niemanden verachtet.

Der deutsche Theologe Walter Kasper spricht davon, dass die alles übertreffende Liebe Gottes spürbar wird, wenn wir Menschen uns gegenseitig annehmen, Vorurteile abbauen und soziale Schranken niederreißen. Wenn wir neu lernen, frei miteinander zu kommunizieren und uns in warmer Brüderlichkeit begegnen und Freud und Leid teilen. Und diese Worte klingen so, als wären sie speziell auf die Gemeinschaft der Anonymen Alkoholiker zugeschnitten.[18]

Das Teilen gesunder Schuld ist reinigend und erlösend, führt zu Objektivität, vertreibt Selbsthass und wird zur Chance der Begegnung mit der gütigen, barmherzigen Liebe des Erlösergottes.

Als G. K. Chestertons kriminalistischer Priester Pater Brown gefragt wird, seit wann er die scharfsinnige Gabe habe, sich in die Gedankenwelt eines Verbrechers zu versetzen, antwortet er, seit er das kriminelle Potenzial in sich selbst entdeckt habe.

Nehmen wir einmal an, bei einem Ehepaar kommt es im verflixten siebten Jahr zum ersten schweren Krach. Die Gemüter erhitzen sich, Feindseligkeiten werden ausgetauscht, und in seiner Wut rutscht dem Ehemann die Hand aus. Dann stürzt er aus der Tür und flüchtet sich in die nächste Eckkneipe. Er bestellt sich einen Whiskey und ein Bier zum Nachspülen und beginnt zu sinnieren: »Ich liebe diese Frau. Sie ist die wärmende Mitte meines Lebens. Ohne sie wäre mein Leben ohne Sinn, Richtung und Ziel. Und ich habe es vermasselt. Ich habe dem Menschen wehgetan, der mir mehr bedeutet als alles auf der Welt. Was zum Teufel sitze ich hier herum? Jede Minute, die ich auf diesem Barhocker verschwende, könnte ich jetzt bei ihr sein.« Er lässt sein Glas stehen, rennt die Straße entlang, stürzt mit sorgenvollem Herzen die Treppe hinauf und fällt seiner Frau in die Arme.

Eine gesunde Schuld hat den anderen zum Mittelpunkt und weckt Reue und den Wunsch nach Versöhnung. Sie ruft uns in die Fülle der Menschlichkeit, indem sie den Götzen des Stolzes, der Arroganz, der Selbstgerechtigkeit und des Selbstmitleids trotzig und ohne Verlegenheit ins Gesicht starrt. Der Herr sagt: »... lernt von mir; denn ich bin sanftmütig und von Herzen demütig« (Matthäus 11,29).

Stellen wir uns einmal einen anderen Ausgang der vorherigen Szene vor. Nehmen wir an, die Gedanken des Ehemannes in der Bar nehmen folgenden Lauf: »Da erhebe ich den Anspruch, ein christlicher Ehemann zu sein, und dabei habe ich soeben meine Frau gedemütigt, beleidigt, erniedrigt und geschlagen. Ich bin Ältester im Kirchenrat, geschätzt und geachtet und ein Leitbild für die Gemeinde. Was bin ich für ein verdammter Heuchler!« Er bestellt einen doppelten Whiskey. »Wozu bin ich jahrelang jeden Sonntag in die Kirche gerannt? Ich bin dadurch kein bisschen geduldiger oder verständnisvoller geworden. Ich bin der allerletzte Abschaum.« Die Selbstmitleid-Orgie und das Betrinken gehen weiter, bis der bejammernswerte Ehemann sich nicht mehr im Griff hat und andere, mit ihm sympathisierende Trinkgenossen das Ruder seines schwankenden Bootes übernehmen.

Ungesunde Schuld ist ich-bezogen; sie wühlt unsere Emotionen in selbstzerstörerischer Weise auf, führt zu Verzweiflung, Depressionen und innerem Rückzug und kommt der Gegenwart eines barmherzigen Gottes zuvor. »Die Sprache der ungesunden Schuld ist die Sprache der Unerbittlichkeit«, bemerkt der Therapeut Vincent Bilotta:

> »Sie ist fordernd, beleidigend, kritisierend, ablehnend, missbilligend, anklagend, tadelnd, verurteilend, vorwurfsvoll und zurechtweisend. Sie ist [eine Sprache] der Ungeduld und der Züchtigung. Die Menschen sind entsetzt und betroffen über ihr Versagen. Ungesunde Schuld überschattet das ganze Leben. Sie wird als Anfang und Ende zugleich empfunden. Bei ungesunden Schuldgefühlen wird das Bild des Kinderbuches ›Chicken Little‹ heraufbeschworen (Anm. d. Übers.: Darin geht es um ein Küken, das Angst hat, der Himmel würde ihm auf den Kopf fallen). Schuld wird zur Erfahrung, dass uns der Himmel auf den Kopf fällt.«[19]

Smedes macht eine sorgfältige Unterscheidung:

> «Geistliche Schamgefühle können, gleich einem Erschaudern, die Folge einer intensiven Begegnung mit Gott sein. Ungesun-

de Schamgefühle jedoch sind gottlose Schamgefühle. Unverdiente Schamgefühle können religiöse Gründe haben, doch sie stehen Gott nur im Weg. Bei einer Religion ohne Gnade können sie zur Fessel werden, die sich um unsere Seele herumwindet, so dass diese – ohne Hoffnung auf Befreiung – zu ersticken droht. Der Schmerz, der daraus resultiert, hat mit geistlichen Schamgefühlen nicht im Entferntesten zu tun.«[20]

Wenn Gott unser Leben mit kreativer Spannung füllt und uns auffordert, unsere Zelte abzubrechen, die Sicherheit und Bequemlichkeit des Status Quo aufzugeben und einen neuen Exodus in eine Freiheit voller Risiken zu wagen, dann mögen die unbekannten Folgen der Herausforderung bei uns Unsicherheit und Zögern hervorrufen und uns von neuem in ungesunde Schuldgefühle stürzen. Wenn wir uns standhaft weigern und stagnieren, obwohl Gott uns deutlich zum Wachstum auffordert, beweisen wir Hartherzigkeit, Untreue und einen gefährlichen Mangel an Vertrauen.

Andererseits wäre es töricht, einer vagen inneren Eingebung folgend, durch die Wüste zu wandern, ohne die Wolkensäule oder Feuersäule des Herrn als Wegweiser. Sind wir nicht in der Lage, den Ruf Gottes zu vernehmen, mögen unsere Rastlosigkeit und innere Unruhe signalisieren, dass es Zeit ist für einen Exodus, der uns in eine größere Offenheit, Verletzbarkeit und Einfühlsamkeit führt, in eine leuchtende Reinheit des Herzens und in die geistige und seelische Umgestaltung. Das Bild der amerikanischen Gemeinde ist nicht nur übersät mit leblosen Hüllen erschöpfter, ausgebrannter Christen, sondern auch mit gescheiterten Diensten, die aus ungesunden Schuldgefühlen heraus ins Leben gerufen wurden sowie der Angst, sich Gottes Willen zu widersetzen.

Wer wird uns von Schuld freisprechen? Wer wird uns von den Fesseln des Projektionismus, des Perfektionismus und der Gesetzlichkeit befreien? Wer wird das Drehbuch umschreiben?

Dank sei Gott für Jesus Christus, unseren Herrn!

## Kapitel 2

# Jesus –
# warum Selbsthass ihm fremd war

In den 49 Jahren nach meinem Hochschulabschluss im Februar 1952 habe ich nie ein einziges Klassentreffen besucht. Doch im April 2002 fuhr ich, getrieben von Schuldgefühlen, Neugier und Sehnsucht nach den alten Zeiten zur Feier des goldenen Jubiläums unseres Jahrgangs der Xaverian High School nach Brooklyn, New York. Das Treffen war heiter und traurig zugleich. Sieben der vierundvierzig Mitschüler unseres Jahrgangs waren bereits verstorben.

In der unvermeidlich vertraulichen Atmosphäre einer relativ kleinen Gruppe wurde ich – als introvertierter Mensch, der sich gern in einem Mauseloch verkrochen hätte – dazu verdonnert, der Geselligkeit zu frönen. Als sich die als Aperitif servierten Cocktails vor dem Essen häuften und die Zungen lockerer wurden, schwand die Förmlichkeit. Man schälte sich aus Krawatten und Jacketts, Lachsalven erklangen und Fröhlichkeit erfüllte den Raum. Das Klagelied über die Abwanderung der Brooklyn Dodgers nach Los Angeles und den Verrat des Team-Präsidenten Walter O'Malley wurde zum abendfüllenden Thema. Dies war anscheinend eine Katastrophe biblischer Ausmaße. Mehrere Anspielungen auf die »unverzeihliche Sünde« wurden gemacht. »Ich bin froh«, sagte mein alter Freund Sal feierlich, »dass Abraham Lincoln dies nicht mehr mit ansehen musste.«

Im Laufe des Abends fragte mich Jack in seinem breiten Brooklyn-Akzent (den ich immer noch sehr gern höre): »Was zum Kuckuck hast du in den letzten fünfzig Jahren gemacht?« Ich antwortete ohne zu zögern: »Es war ein halbes Jahrhundert voller Sünde und Gnade.« »Würde es dir was ausmachen«, sagte er mit einem Augenzwinkern, »mir ein bisschen von deinem sündigen Vorleben zu erzählen?«

»Durchaus nicht. Ich war Trinker, ich bin geschieden und hatte danach viele Liebschaften. In meiner Ehe war ich immer treu, aber für das Zölibat taugte ich nicht. Ich war ein Lügner, ich war neidisch auf alles, was die anderen hatten oder konnten, ich war ein unerträglich arroganter Priester, ich wollte es allen recht machen und ich war ein Angeber (so wie jetzt, damit du glaubst, ich sei ein bescheidener, ehrlicher Mensch).«

Sein Gesicht war plötzlich ernst. »Und Teil zwei?«

»Durch reine, unverdiente Gnade schaffte ich es, mein Vertrauen fest auf Jesus Christus zu gründen und seine Liebe und Barmherzigkeit anzunehmen.«

»Ich muss dir was sagen«, flüsterte Jack. »Können wir draußen weiterreden?«


Wer ist Jesus Christus in Ihrem Leben? Für viele ist er der Dreh- und Angelpunkt der Welt, für zahlreiche andere eine Belanglosigkeit oder ein Ärgernis – wie würden Sie ihn beschreiben?

Im Jahr 451 wurde auf dem Konzil von Chalzedon die Frage beantwortet, dass Jesus die Inkarnation der zweiten Person der Heiligen Dreifaltigkeit sei. Die heutigen Theologen bieten verschiedene Alternativen an: Jesus ist jemand, der für uns Menschen eintritt; Jesus ist der Befreier mit der ethisch reinen Weste; er ist der persönliche Erlöser und das menschliche Antlitz Gottes. Für Künstler und Dichter ist er Clown, Sagengestalt oder Superstar.

»Auf die Frage Jesu: ›Wer sagt denn ihr, dass ich sei?‹ (Matthäus 16,15) sind viele belesene Christen in der Lage, kluge Antworten zu geben. Es sind die Antworten von Markus und Lukas, Matthäus und Johannes, Augustinus und Thomas von Aquin, Luther und Calvin, Barth und Bultmann, Moltmann und Rahner. Doch die eigenen Antworten dieser Christen hören wir nicht. Theologen und Bibelwissenschaftler können nicht an unserer Stelle antworten. Nur wir selbst haben die Bilder, Worte und Wendungen im Kopf, die unsere persönliche Antwort darstellen auf das Gleichnis des Lebens Jesu (...) Jeder von uns wird mit diesem ›gelebten Gleichnis‹ konfrontiert. Wie verstehen wir Jesus? Niemand anderes – weder die Historiker und Theologen noch die ersten Christen – können diese Frage für uns beantworten. So wie wir das Gleichnis hören, stellt sich die Frage an uns: Werden wir darauf unser Leben setzen?«[21]

Die provozierende Frage des Neuen Testaments – »Wer sagt denn ihr, dass ich sei?« – richtet sich an jeden von uns. Wer ist der Jesus Ihres inneren Universums? Können Sie den Christus beschreiben, dem Sie in der Tiefe Ihres Wesens begegnet sind?

Wer keine persönliche Beziehung zu Jesus entwickelt hat, über dessen Lippen kann nur eine stereotype Antwort kommen. Der kann lediglich fromme Redewendungen wiederholen oder Kindern den Katechismus unter die Nase halten, wenn er nicht zumindest eine Teilerkenntnis, einen kleinen Einblick in den unerschöpflichen Reichtum des Mysteriums, das Jesus Christus heißt, gewonnen hat.

An anderer Stelle schrieb Ernst Käsemann, dass das Johannesevangelium nicht das Evangelium des Königreichs, sondern das Evangelium von Jesus selbst ist; dass es unmöglich ist, die zentrale Stellung von Jesus in diesem vierten Evangelium zu hoch zu bewerten. Und auch dass der Leser damals wie heute geblendet ist von seinem strahlenden Glanz, wie jemand, der lange in die Sonne geschaut hat und unfähig ist, irgendetwas anderes zu sehen als das Licht.[22]

Johannes' Augenmerk gilt allein der Person Jesu. Kennen wir diesen Jesus? Ihm gegenüber verblasst alles andere zu Zwielicht und Dunkelheit, wird nichtig und in den Hintergrund gedrängt. Das Leben eines Menschen hat nur dann einen Sinn, wenn er sich auf den Mann aus Nazareth stützen kann. »Was einzig noch zählt, ist Christus, der in allen lebt und der alles wirkt« (Kolosser 3,11; Gute Nachricht).

Eine Möglichkeit, Jesus kennen zu lernen, war für mich das Hineinversetzen in die Randfiguren der Bibel. Durch meinen Hintergrund als Unteroffizier bei der Marineinfanterie fühlte ich mich zum Beispiel mit dem Hauptmann von Kapernaum verbunden. Als Jesus versprach, dessen Knecht zu heilen, fiel der Hauptmann auf die Knie und sagte: »Herr, ich bin nicht wert, dass du unter mein Dach gehst, sondern sprich nur ein Wort, so wird mein Knecht gesund« (Matthäus 8,8). Doch die aufschlussreichste Aussage dieser Erzählung aus dem Matthäusevangelium ist, dass Jesus sich »wunderte«. Er drehte sich um und rief denen zu, die ihm folgten: »Wahrlich, ich sage euch: Solchen Glauben habe ich in Israel bei keinem gefunden!« (8,10). Letztendlich sagt Jesus hier: Endlich ist hier jemand, der mich versteht und das, was ich für mein Volk sein will – ein Erlöser von grenzenlosem Erbarmen, beispielloser Vergebung, unendlicher Geduld und heilender Liebe. Ihr anderen, lasst mich der sein, der ich bin und hört auf, mir eure kleingläubigen, albernen, selbst ernannten Vorstellungen aufzunötigen, wer ich sein sollte!

Kein Wunder, dass der Bibelwissenschaftler Richard Rohr die Meinung vertritt: »Der alte Katechismus von Baltimore ist nicht falsch, bloß unzulänglich. Wenn dort steht: ›Der Mensch ist geschaffen, um Gott kennen zu lernen, ihn zu lieben und ihm zu dienen‹, sollte es besser heißen ›Der Mensch ist geschaffen, um zu erkennen, wie sehr Gott sich danach sehnt, uns zu lieben und uns zu dienen‹.«[23] Jesus bleibt der Herr, auch wenn er uns dient. Nach Lukas 12,37 wird dieser Herr, der am Jüngsten Tag als Richter erscheinen wird, sich wiederum als Diener gürten: »Selig sind die Knechte, die der Herr, wenn er kommt, wachend findet. Wahrlich, ich sage euch: Er wird sich schürzen und wird sie zu Tisch bitten und kommen und ihnen dienen.«

Es ist die Freiheit der Christen, diese beispiellose, unerwartete Umkehr weltlicher Maßstäbe freudig anzunehmen. Es in souveräner Freiheit vorzuziehen, ein Dienender zu sein anstatt das Oberhaupt des Hauses, mit leichtem Herzen die Götter der Macht, des Geltungsdrangs, der Ehre und Anerkennung zu verspotten, sich selbst nicht zu wichtig zu nehmen (und diejenigen, die sich wichtig nehmen, nicht so ernst zu nehmen!), ohne Schwermut das Leben eines Dieners zu führen, sich nicht dem Zeitgeist anzupassen und erfüllt zu sein von Freude und Staunen über die Vision und den Lebensstil des Ebed Jahwe (Diener Gottes). Dies ist die revolutionäre Gesinnung, die den Stempel echter, unverwechselbarer Nachfolge trägt. So zentral ist die Lehre Jesu der demütigen Nachfolge und dienenden Liebe als der Weg des Reichs Gottes, dass Gott beim Jüngsten Gericht nur in unseren Brüdern und Schwestern sichtbar sein wird: »Was ihr getan habt einem von diesen meinen geringsten Brüdern, das habt ihr mir getan« (Matthäus 25,40).

Ich wäre lieber einer von den wenigen, die zumindest dies von Jesus und der Bibel gelernt haben, als einer der gesetzlichen, ewig moralisierenden Haarspalter, die so sehr damit beschäftigt sind, die Mücken auszusieben und dabei die Kamele verschlucken. Würde uns nicht diese radikale, revolutionäre und durch und durch orthodoxe Denkweise ein neues Pfingsten bescheren, wodurch unsere Welt ein anderes Gesicht bekäme? Es ist vollkommen nutzlos, die Herrschaft Jesu hinauszuposaunen, wenn seine Gesinnung, seine Werte und Taten in unserem Leben nicht erkennbar sind.

Mahatma Gandhi sagte: »Ich mache den Hindus klar, dass ihr Leben unvollkommen sein wird, wenn sie nicht auch voller Ehrfurcht die Lehre Jesu studieren.« Und Jesus lehrte: »... wer unter euch groß sein will, der sei euer Diener; und wer unter euch der Erste sein will, der sei euer Knecht, so wie der Menschensohn nicht gekommen ist, dass er sich dienen lasse, sondern dass er diene und gebe sein Leben zu einer Erlösung für viele« (Matthäus 20,26-28).

Der Apostel Paulus schreibt, das einzige Kriterium für Größe im neuen Israel Gottes sei der Glaube, der in der Liebe wirksam ist (Galater 5,6). Damit lässt er anklingen, was Jesus vor dem Abendmahl seinen Jüngern ans Herz legte: »Wenn nun ich, euer Herr und Meister, euch die Füße gewaschen habe, so sollt auch ihr euch untereinander die Füße waschen. Ein Beispiel habe ich euch gegeben, damit ihr tut, wie ich euch getan habe« (Johannes 13,14-15).

Die Demut und den Mut zum Dienen zu haben, ist der Weg zu wirklicher Größe. Ein junger Baptistenpastor sagte nach seiner Ordination zu mir, er strebe einen internationalen Dienst an, so wie den meinigen. In diesem Augenblick disqualifizierte er sich unwissentlich für eine leitende Funktion. Die Vorstellung, ein Star im Leib Christi zu sein, ist durchaus verlockend, doch diese Ambition ist dämonisch, der schillernde, mondäne Feind des Dienens und der Liebe. Die langsame Erosion der dienenden Leiterschaft in den Kirchen Nordamerikas, der Respekt, der den Superstars gezollt wird, die es verstehen, die Leute in ihren Bann zu ziehen, und das Katzbuckeln vor Fernsehevangelisten entstellen das Bild des dienenden Jesus und machen die Glaubwürdigkeit der Christen in Leitungsfunktionen schlichtweg unglaubwürdig.

Liebe heißt dienen. »Es ist nutzlos, sich über die Frage des Liebens zu streiten. Denn die Liebe ist es, die den christlichen Glauben ausmacht – ob man dies wahrhaben will oder nicht. Christsein bedeutet nicht das Einhalten von Ritualen oder das Führen eines moralischen Lebensstils, abgesehen von der Tatsache, dass diese beiden Aspekte Ausdruck dieser Liebe sind. Wir müssen zumindest um die Gnade beten, zu dieser Liebe fähig zu werden.«[24]

Der Bann des durch Gesetzlichkeit und Moralismus verursachten Selbsthasses wird gebrochen, wenn ein Christ sich, was die menschliche Größe betrifft, nicht mehr von weltlichen Maßstäben abhängig macht; wenn er den Durchbruch zu einem dienenden Lebensstil nach dem Vorbild Jesu schafft und wenn sein Wunsch zu dienen größer ist als der, sich dienen zu lassen. Der krasse Realismus des Evangeliums erlaubt hier weder verklärten Idealismus noch oberflächliche Rührseligkeit. Ein dienender Lebensstil entspringt weder einem Gefühl oder einer Laune, sondern ist eine Entscheidung, unser Leben nach dem Vorbild Jesu zu leben. Es geht nicht darum, was wir fühlen, sondern vielmehr, was wir tun – das ist demütiger Dienst. Wenn diese *metanoia*-Erfahrung in unserem Leben durch die Kraft des Heiligen Geistes Gestalt gewinnt, dann ist Freiheit von der Tyrannei des Selbsthasses die erste Frucht. »Zur Freiheit hat uns Christus befreit! So steht nun fest und lasst euch nicht wieder das Joch der Knechtschaft auflegen!« (Galater 5,1).

»Keine Kirche auf Erden, kein Evangelist, kein zeitlicher oder kultureller Glücksfall könnte einen Menschen oder eine Botschaft wie diese hervorbringen. Diese Worte aufmerksam und mit dem Herzen zu hören, bedeutet, dem Jesus der Evangelien nahe zu kommen.«[25]

Vor einigen Jahren verbrachte ich eine ausgedehnte Zeit der Einkehr und Stille in einem von Franziskanern geführten Haus in Tampa, Florida, und las dort in meinem Zimmer in der Bibel. Die subtile Herrschaft des Selbsthasses war zurückgekehrt, und ich befand mich wieder einmal auf der Achterbahnfahrt der – durch Perfektionismus verursachten – Depression, neurotischen Schuldgefühle und emotionalen Labilität. Durch die despotische Macht meines idealisierten Selbst und die zermürbende Litanei des »Hätte ich bloß, könnte ich doch ..., Warum habe ich das getan, warum jenes unterlassen?« war ich überzeugt, dass ich mein Leben und meinen Dienst durch Eitelkeit, Taktlosigkeit und Egoismus ruiniert hatte.

In eben diesem Augenblick kam Jesus und machte mich frei. Ich betete gerade über der Stelle von der Fußwaschung (Johannes 13,1-17) und sah mich im Geiste in diese Szene hineinversetzt, wo ich unter den Zwölfen den Platz des Judas einnahm. Jesus, gekleidet wie ein Diener, goss Wasser aus einem Krug in eine Kupferschüssel und streckte die Hand aus, bereit, meine Füße zu waschen (ich steckte in der Kluft eines Sklaven). Unwillkürlich zog ich meinen Fuß zurück. Ich konnte Jesus nicht in die Augen sehen. Ich hatte die Vision verraten, war meinem Traum untreu geworden (und damit auch seinem Plan für mein Leben).

Jesus spürte, wie verwirrt und beschämt ich war, legte seine Hand auf mein Knie und sagte: »Brennan, weißt du, was diese gemeinsamen Jahre für mich bedeutet haben? Du wurdest getragen, selbst dann, als du nicht mehr glauben konntest, dass ich dich trug. Ich liebe dich, mein Freund.«

Tränen liefen mir über die Wangen. »Aber Herr, meine Sünden, mein wiederholtes Versagen, meine Schwächen …«

»Ich weiß, Brennan. Ich habe erwartet, dass du versagen würdest, vielleicht mehr als du selbst.« Er lächelte. »Und du kamst immer zurück zu mir. Es gibt nichts, was mir mehr Freude machen würde, als zu sehen, dass du mir vertraust und wenn du zulässt, dass sich meine Barmherzigkeit größer erweisen kann als deine Sündhaftigkeit.«

»Aber Herr, was ist mit meinen schlimmen Charakterfehlern – mit meiner Neigung zum Prahlen, die Wahrheit zu verfälschen, der Angewohnheit, so zu tun, als wäre ich ein Intellektueller, meiner Ungeduld mit Menschen und den vielen Malen, bei denen ich mich sinnlos betrunken habe?«

»Das stimmt alles. Doch deine Liebe zu mir ist nie ins Wanken geraten, dein Herz ist rein geblieben. Darüber hinaus hast du selbst in Zeiten der Finsternis und Verwirrung immer etwas getan, das die anderen Dinge in einem anderen Licht erscheinen ließ: Du warst Sündern gegenüber freundlich und barmherzig.«

Ich weinte – so laut, dass mein Zimmernachbar an die Tür klopfte und fragte, ob ich Hilfe brauche.

»Ich werde nun gehen«, sagte Jesus. »Ich habe soeben deine Füße gewaschen. Tu dasselbe für andere. Diene meinen Brüdern in Demut und Liebe. Wenn du dies tust, wirst du glücklich werden. Friede sei mit dir, mein Freund.«

Jesus, in allen Dingen ein Mensch wie wir, aber ohne Undankbarkeit, unser Bruder, der keine Sünde kannte, befreit uns von Selbsthass durch seine Liebe, die uns das Böse nicht zurechnet und sein Erbarmen, das alles menschliche Verstehen übersteigt. In den Augen des Herrn, den wir durch unser Versagen enttäuscht haben, entdecken wir die unendliche Barmherzigkeit des Vaters. In Jesus offenbart sich uns das menschliche Antlitz Gottes.

John O' Grady schreibt:

»Unser Erlöser weiß um unsere persönlichen Schwächen, selbst wenn wir ihm unser Leben anvertraut haben. Er erlöst uns von unserem Versagen, denn wenn wir ihm nachfolgen, sind wir trotz unserer Sünde wertvoll in den Augen Gottes, des Vaters. Wir haben eine neue Chance. Wir haben jeden einzelnen Augenblick die Gelegenheit, mehr zu sein, als wir sind; wir können jederzeit einen Sinn für das Gute entwickeln und uns dem Lebensstil annähern, der uns Frieden bringen wird. Selbst in unserem Versagen wissen wir als Gerettete, dass wir in den Augen Gottes, Jesu und der Gemeinschaft der Heiligen immer noch wertvoll sind. Als Gerettete kennen wir kein Gefühl der Isolation. Jesus ist der treue Freund, der nie versagen wird und dessen Treue auch dann bestehen bleibt, wenn die Menschen ihm untreu sind.« [26]

Das Porträt, das die Evangelien von Jesus zeichnen, ist das eines Mannes von bemerkenswerter Fröhlichkeit, der das Leben und alles Lebende schätzt und liebt – vor allem die Menschen als Gaben der Liebe aus der Hand des Vaters. Die Menschen, die

Jesus in den Jahren seines Wirkens begegnen, zeigen unterschiedliche Reaktionen auf seine Gegenwart und Botschaft, doch bei niemandem löst Jesus Trübsinn oder Traurigkeit aus. Im folgenden Absatz stellt Edward Schillebeeckx anschaulich dar, weshalb die Jünger nicht fasteten:

»Fasten war ein Zeichen der Trauer und Sorge. Das Nicht-Fasten der Jünger war ein Nicht-Fasten-Können. Hier ging es nicht um eine Sonderregelung, die ihnen das Fasten erließ. Es war eine existenzielle Unmöglichkeit, in der erlebbaren Gegenwart Jesu traurig zu sein! Sünder und Abtrünnige der Gesellschaft erlebten, dass das Teilen des Brotes mit dem Meister eine befreiende Erfahrung reiner Freude war. Er nahm ihnen den Selbsthass mit beruhigenden Worten wie: ›Fürchte dich nicht, du kleine Herde. Furcht ist sinnlos – hört auf, euch Sorgen zu machen; freut euch, denn eure Sünden sind euch vergeben‹. Seine ansteckende Freude (nur wer selbst infiziert ist, kann ansteckend sein) in der überschwänglichen, befreienden, bedingungslosen Liebe seines himmlischen Vaters sprang auf seine Zuhörer über. (Selbst wenn Jesus heute Abend an Ihrem Stubentisch säße, in vollständiger Kenntnis aller Dinge über Sie; wenn er Ihre ganze Lebensgeschichte ausbreiten würde, einschließlich aller Hintergedanken und verborgenen Wünsche, von denen nicht einmal Sie selbst etwas wissen, wäre es unmöglich, in seiner Gegenwart auch nur einen Anflug von Trübsal oder Traurigkeit zu spüren.)«[27]

Für Walter Kasper heißt, Gottes Liebe in Jesus Christus zu erfahren und zu erleben, dass man ohne Vorbehalte angenommen, anerkannt und unendlich geliebt wird und dass man so auch sich selbst und seinen Nächsten annehmen kann. Erlösung ist für ihn die Freude im Herrn, die sich in Freude an und mit unserem Nächsten ausdrückt.[28]

Es ist für mich undenkbar, mir bei der Kindersegnung einen freudlosen Jesus mit versteinertem, unbeteiligten Gesichtsausdruck vorzustellen. Die menschliche Persönlichkeit Jesu als teilnahmslose Maskierung für seine dramatischen, von Gott inspirierten Reden zu verstehen, heißt, ihm seine Menschlichkeit zu rauben, ihn auf einen leblosen Gipsabdruck zu reduzieren und ihm sein emotionales Engagement, seine Verletzbarkeit sowie alle menschlichen Gefühlsregungen wie lachen, weinen oder lächeln abzusprechen.

Der Evangelist Markus berichtet, wie eine Gruppe von Eltern, die offensichtlich etwas von der Liebe Gottes in Jesus gespürt hatten, baten, der Meister möge ihre Kinder segnen. Die verärgerten Jünger, erschöpft durch die lange Tagesreise zu Fuß von Kapernaum nach Judäa auf der anderen Seite des Jordan, versuchten, die Kinder wegzuscheuchen. Jesus wurde sichtbar ärgerlich und brachte die Zwölf, vielleicht mit einem vernichtenden Blick, zum Schweigen. Weiter wird gewissenhaft berichtet, dass Jesus die Kinder eines nach dem anderen hochnahm, in seinen Armen wiegte und jedem seinen Segen gab (Markus 10,13-16). Der Evangelist Robert Frost schrieb dazu:

»Es ist schön, dass Jesus, obwohl er ziemlich müde gewesen sein musste, die Kinder nicht in einer Art kollektiven Segnung als Gruppe gesegnet hat. Stattdessen nahm er sich die Zeit, jedes Kind an sein Herz zu drücken und ernsthaft für jedes einzelne zu beten – dann huschten sie davon und sanken zu Hause glücklich in ihre Betten. Man fühlt sich leise an die wunderschönen prophetischen Verse erinnert, die sich auf den kommenden Messias berufen: ›Er wird seine Herde weiden wie ein Hirte. Er wird die Lämmer in seinen Arm sammeln und im Bausch seines Gewandes tragen und die Mutterschafe führen‹ (Jesaja 40,11) (...) Ich denke, dies ist eine Lektion für alle, die versucht sind, falsche Maßstäbe anzusetzen, wenn es darum geht, wer die göttliche Gnade empfangen wird. Er segnete sie alle!«[29]

Es ist erstaunlich, ja überwältigend, aber wahr: Jesus ergreift die Initiative und geht den Gottlosen nach, selbst am Sonntagmorgen. Seine liebende Gegenwart setzt der Gottlosigkeit ein Ende und gibt dem Sünder die Würde zurück: »Bei Jesus wog die Güte das Böse auf, das ihn umgab. Sünder waren stets willkommen; Zöllner, Prostituierte und alle von der Gesellschaft Ausgestoßenen fanden Gemeinschaft bei Jesus, dem vergebenden Erlöser (...) Niemand wurde ausgegrenzt, niemand brauchte sich ausgeschlossen zu fühlen.«[30]

Wie würde es sich auf unsere Gemeinden auswirken, wenn in ihnen statt Kleinlichkeit und Gesetzlichkeit ein Übermaß an Barmherzigkeit zu finden wäre? Ich glaube, dann würde die Gemeinschaft der Christen die mystische Vision der Juliana von Norwich teilen. Von ihr stammt dieser vielleicht schönste und tröstlichste Satz, den ich je gelesen habe: »Und alles wird gut; und alles wird gut; und aller Art Dinge werden gut.«[31]

Jesus hatte erkannt, dass es nur diesen einen Weg gibt, Menschen zu helfen, das Leben als gütiges Geschenk und sich selbst als gut und kostbar zu betrachten: sie als Kostbarkeit zu behandeln und ihnen mit Güte zu begegnen. Man kann mich salben, mir predigen, mit mir beten oder diskutieren; ich kann mich der bedingungslosen Liebe Gottes durch Bücher, Traktate und Kassetten aussetzen, doch meine Ohren und Augen werden verschlossen bleiben, wenn nicht ein anderes menschliches Wesen kommt und mich in meiner Kraftlosigkeit und Niedergeschlagenheit aufrichtet. Da wir Menschen oft die göttliche Gnade ausschlagen, werden wir unser Leben nur dann als gütiges Geschenk annehmen können, wenn wir Liebe und Wertschätzung von anderen erfahren. »Wir können uns und unsere Welt nur als von Gott geliebt und geschätzt empfinden, wenn wir uns von anderen geliebt und geschätzt fühlen.«[32]

Im Lukasevangelium finden wir eine der bewegendsten Erzählungen aus dem Leben Jesu: seine Begegnung mit der namenlosen Sünderin. Erlauben Sie mir einen kurzen Einschub an dieser Stelle: Eines Abends in Clearwater, Florida, beschloss ich, zu einem Treffen der Anonymen Alkoholiker zu fahren. An der zweispurigen Schnellstraße, die den Golf von Mexiko säumt, nahm ich eine 21-jährige Anhalterin mit. Nach einer flüchtigen Begrüßung wurde sie redselig und erzählte mir von ihrem Widerwillen gegen ihren Freund, mit dem sie zusammenwohnte. Sie wären beide stark kokainabhängig, sagte sie, und er verlange von ihr, dass sie sich für seine Freunde als Prostituierte anbiete, um den Drogenkonsum zu finanzieren. Ich fragte sie: »Haben Sie je daran gedacht, Gott um Hilfe zu bitten?« Sie antwortete in gleichgültigem Tonfall: »Ja, ja, ich weiß schon, Gott liebt mich.« Aber sie wusste es nicht. Vielleicht hatte sie ein paar verschwommene Kindheitserinnerungen an Gott – abstrakt und wirklichkeitsfremd und so utopisch wie die Vorstellung von George Washington als Kind, er könne den dicken Kirschbaum allein fällen. Sie könnte den realen Gott erfahren und ihr Leben als Geschenk seiner Güte sehen, wenn ihr Freund, von seiner Sucht befreit, sie mit derselben Wertschätzung behandeln würde, wie Jesus es mit der Sünderin tat, die in das Haus des Pharisäers Simon kam (Lukas 7,36-50).

Dies ist der Christus, wie ich ihn im Innersten meines Wesens erlebt habe – der Befreier von Selbsthass durch Liebe. Im Haus des Pharisäers war die Sünderin, deren Name ungenannt bleibt, zutiefst beeindruckt von der Güte und dem Mitgefühl im Gesicht des Meisters. Seine Augen sprachen zu ihr: »Komm zu mir. Zögere nicht. Warte nicht, bis du mit deinem Leben aufgeräumt hast und den Kopf wieder aufrecht tragen kannst. Warte nicht, bis du glaubst, richtig bereit zu sein und frei von Stolz und Sinnenlust, Eifersucht und Selbsthass. Komm zu mir in deiner Zerbrochenheit und Sündhaftigkeit, mit all deinen Ängsten und Unsicherheiten, ich werde dich trösten. Ich will dir begegnen, wo du gerade stehst, und dich lieben, so wie du bist und nicht so, wie du deiner Meinung nach sein solltest.«

Jesus überzeugte sie: »Denn siehe, der Winter ist vergangen, der Regen ist vorbei und dahin« (Hoheslied 2,11). Nun wusste sie, dass ihre Sünden vergeben waren und Gott sie bedingungslos annahm. In dem Augenblick, in dem sie sich Jesus im Glauben anvertraute, trat die Liebe in ihr Leben und veränderte es von Grund auf. Ihre Seele wurde heil und sie erlebte Frieden, Freude, Dankbarkeit und echte Liebe. Die Liebe Christi bewegte die Sünderin, zu ihrem wahren inneren Kern vorzudringen und das Prinzip der Klarheit aufzugeben – »die Art der Klarheit, die das Ego sucht, die Art der Klarheit, die mir Trost spendet und mir erlaubt zu denken, dass alles, was ich wirklich bin, das ist, was ich zu sein glaube, und das ist alles, was es dazu zu sagen gibt.«[33]

Durch die schöpferische Kraft der Liebe Jesu konnte die reumütige Sünderin sich nun mit seinen Augen sehen und in sich die Möglichkeiten entdecken, die Jesus in ihr sah.

»Die Stellung, die diese verwandelte Frau im christlichen Gedankengut einnimmt, beruht nicht auf ihrer seltsamen, tiefen Liebe zu Jesus, sondern vielmehr darauf, was seine Liebe für sie in ihr bewirkte. Es war die Liebe Christi zu ihr, die sie von ihrer Vergangenheit befreite und sie zu dem Menschen machte, der sie sein konnte. Die zentrale Aussage, für die ihr Leben zum Sinnbild wurde, ist, dass es möglich ist, durch Liebe aus den tiefsten Abgründen befreit aufzusteigen zu den glanzvollen Höhen der Gegenwart Gottes.«[34]

Dasselbe Thema wiederholt sich in der Geschichte von Simon Petrus. Die Barmherzigkeit Jesu erreicht ihren Zenit im Gespräch mit Petrus am Ufer des Sees Genezareth. Nur der auferstandene Herr wusste um die Tiefe von Petrus' Schmerz, Schuld und Selbsthass. Nur Jesus konnte verstehen, dass Petrus ihn nicht wirklich verraten wollte, sondern dass er einfach vorübergehend die Nerven verloren hatte. Wie bei einem Soldaten in seinem ersten Kampf hatten Angst und Selbsterhaltungstrieb die Oberhand gewonnen. Doch obwohl Petrus seinen Herrn verleumdet hatte, blieben die Reinheit seines Herzens und seine tiefe Liebe zu Jesus unumstritten. Jesus musste den Apostel seiner Klarheit berauben, seiner begrenzten Selbstwahrnehmung und des negativen Bildes, das er von sich hatte.

Und noch am selben Morgen würde Petrus von seinem Selbsthass geheilt werden.

Jesus sprach zu ihm: »Simon, Sohn des Johannes, hast du mich lieber, als mich diese haben? Er spricht zu ihm: Ja, Herr, du weißt, dass ich dich lieb habe. Spricht Jesus zu ihm: Weide meine Lämmer!

Spricht er zum zweiten Mal zu ihm: Simon, Sohn des Johannes, hast du mich lieb? Er spricht zu ihm: Ja, Herr, du weißt, dass ich dich lieb habe. Spricht Jesus zu ihm: Weide meine Schafe!

Spricht er zum dritten Mal zu ihm: Simon, Sohn des Johannes, hast du mich lieb? Petrus wurde traurig, weil er zum dritten Mal zu ihm sagte: Hast du mich lieb?, und sprach zu ihm: Herr, du weißt alle Dinge, du weißt, dass ich dich lieb habe. Spricht Jesus zu ihm: Weide meine Schafe!« (Johannes 21,15-17).

Jesus befreit Petrus von seinem Selbsthass, indem er ihm ermöglicht, seine dreifache Verleumdung öffentlich wettzumachen. Zugleich bekräftigt er in der denkbar subtilsten Weise, dass er ihn zum Oberhaupt seiner Gemeinde auserwählt hat und ihm die Aufgabe anvertraut, die Gute Nachricht mit Vollmacht und in der Kraft des Geistes zu predigen.

Der Theologe George Montague schreibt: »Ich weiß nicht, wie Petrus in diesem Augenblick zumute war, ich kann nur von meinen eigenen Erfahrungen mit dem Herrn in ähnlichen Situationen berichten:

›Gott, ich weiß noch nicht einmal, was es heißt, Menschenfischer zu sein, und nun soll ich auch noch die Rolle des Hirten übernehmen. Ohne dich, Herr, kann ich nicht einmal fischen, wie soll ich dann diese Menschen führen und umsorgen wie ein Hirte? Ich weiß nicht wie. Jesus hat mir keine genauen Anweisungen gegeben; was er sagte, war genug: Hast du mich lieb? Kannst du zulassen, dass meine Liebe dich in deiner Schwachheit berührt und in dir Kraft und Vollmacht freisetzt? – Also bestand bei Petrus, nachdem er von Jesus bevollmächtigt wurde, seine Vollmacht *einzig und allein aus der Liebe Jesu zu ihm und aus seiner Liebe zum Herrn.* Dies allein war seine geistliche Kraft. Jesus wollte ihn seiner Fähigkeit zu fischen berauben sowie seiner sämtlichen Sicherheiten mit Ausnahme der Gewissheit, dass Gott die Liebe ist und dass Gottes Kraft ihm in seiner Schwachheit gegeben war. Petrus erzählte die Geschichte seiner eigenen Schwachheit und wie der Herr ihn berührt hatte wieder und wieder. Wenn Petrus predigte, dann predigte er aus seiner Schwachheit die Kraft Gottes. Und das ist es, was die Menschen unter der römischen Herrschaft zur Umkehr bewegte und was auch uns und die Menschen in unserem Umfeld zur Umkehr bewegen wird, wenn sie sehen können, dass wir von der Kraft Gottes angerührt worden sind‹«.[35]

Die unerschütterliche Liebe und Barmherzigkeit Jesu Christi, dem Selbsthass fremd war, ist Balsam für unsere Verletzungen und wir werden wieder gesund. Dies war die Erfahrung der Menschen, die Jesus nachfolgten. Dies war die Wirkung, die er auf sie hatte. Dies ist der wahre Jesus, wie er uns auf jeder Seite des Neuen Testaments begegnet. Wenn wir Jesus als unseren Herrn betrachten wollen, dann müssen wir ihm Raum geben, derjenige zu sein, der er für uns sein will. Wie Richard Rohr treffend formulierte, müssen wir zu dem Schluss kommen, dass wir geschaffen sind, um zu erkennen, wie sehr Gott sich danach sehnt, uns zu lieben und zu dienen, seine Kinder zu befreien und ihnen Vergebung und Heilung zu schenken.

Gibt es in der Gemeinde Christi ein wichtigeres Anliegen, als sich der eindringlichen Frage Jesu aus dem Johannesevangelium zu widmen: »Hast du mich lieb?« Gibt es in unserem Glaubensbekenntnis oder in den kirchlichen Richtlinien und Traditionen irgendeine Priorität, die unsere persönliche Beziehung zu Jesus zu ersetzen droht? Besteht noch Hoffnung für Erweckung und Erneuerung und das Umsetzen christlicher Nächstenliebe, wenn Jesus Christus nicht Herr meines Lebens ist? Lassen wir diese wichtige Frage außer Acht und widmen uns stattdessen dem Moralisieren, Philosophieren, Organisieren und dem Errichten neuer Tempel für einen unbekannten Gott?

Auch der Theologe Ernst Käsemann stellt die Frage, wie wir den traurigen Mut, die unglaubliche Hartherzigkeit und die geistlose Dummheit aufbringen und verschiedene Bibelauslegungen zu einem solchen Schreckgespenst aufblasen können, dass die Frage Jesus »Hast du mich lieb?« vollständig in den Hintergrund gedrängt wird. Und nur mit dieser Frage beurteilt Jesus seine Freunde und Widersacher.[36]

Mein eigener flüchtiger Einblick in die Gegenwart Jesu gewann in einer besonderen Winternacht an Deutlichkeit. Es war der 13. Dezember 1968, und ich befand mich in der Zaragoza-Wüste in Spanien, wo ich 1800 Meter über dem Dorf Farlete in einer Höhle lebte. Es war drei Uhr morgens und die Welt lag in tiefem Schlummer, doch ich war wach und offen für Gottes Stimme. Es begann als lange und einsame Stunde des Gebets, bis ich hörte, wie Jesus zu mir sprach: »Aus Liebe zu dir habe ich den Platz an meines Vaters Seite verlassen. Ich kam zu dir, obwohl du vor mir davonliefst und nichts mit mir zu tun haben wolltest. Aus Liebe zu dir ließ ich mich anspucken, schlagen, durchbohren und ans Kreuz nageln.«

Seitdem sind fünfunddreißig Jahre vergangen, doch die Worte, die sich in dieser Morgenstunde im Zwiegespräch mit Gott tief in mein Herz eingebrannt haben, sind noch immer in meinem Leben präsent. Ob ich mich in einem Zustand der Gnade oder Ungnade befinde, die Worte drängen sich auf mit dem scharfen Realismus der objektiven Wahrheit. In jener Nacht in der Höhle starrte ich stundenlang auf ein Kruzifix und sah bildlich vor mir, wie das Blut aus jeder einzelnen Wunde des Körpers Jesu strömte. Und dieses Blut schrie zu mir: »Dies ist der Preis, den ich für meine Liebe zu dir bezahlt habe.« Je länger ich das Kreuz anschaute, desto deutlicher wurde mir, dass kein Mensch mich jemals so geliebt hat und jemals so lieben könnte wie er. Ich rief in die Dunkelheit hinein: »Jesus, du musst verrückt sein – wie kannst du mich so lieben?« In jener Nacht lernte ich, was ein weiser alter Franziskanermönch mir an dem Tag sagte, als ich dem Orden beitrat: »Wenn du die Liebe von Jesus Christus kennst, dann gibt es nichts mehr auf der Welt, was dir schöner oder erstrebenswerter erscheint.«

Merkwürdigerweise war es der gleiche Tag, der 13. Dezember, als ich zwölf Jahre später um zwei Uhr am Nachmittag zum Beten in die Pfarrkirche in Tamarac, Florida, ging. Die übliche Grundhaltung meines Gebetslebens ist von Trockenheit und dem Gefühl der Abwesenheit Gottes geprägt, aber auch von Sehnsucht und Hoffnung auf eine intensive Begegnung mit Gott. Doch als ich an jenem Nachmittag niederkniete, sah ich vor meinem inneren Auge das Bild eines dreijährigen Jungen, der im Wohnzimmer seines Zuhauses auf dem Teppich spielte. Etwas abseits saß seine Mutter im Schneidersitz auf dem Boden, in eine Handarbeit vertieft. Plötzlich hielt sie in ihrer Arbeit inne, schaute zu ihrem Kind und breitete ihre Arme aus. Der Kleine kam herbeigelaufen und kletterte auf ihren Schoß. Sie umarmte ihn und sagte lächelnd: »Wie lieb hast du mich?« Er streckte seine Ärmchen, so hoch er konnte und rief: »Sooo lieb!« Meine Vision ging weiter: Dreißig Jahre später hing dieser Junge, inzwischen ein erwachsener Mann, am Querbalken eines Kreuzes. Seine Mutter schaute zu ihm hinauf und fragte: »Wie lieb hast du mich?« Seine Arme waren weit ausgestreckt, von einem Ende des Universums zum anderen. »So sehr liebe ich dich.« Dann starb er.

Lassen Sie uns noch einmal die zentrale Frage aufgreifen: Wer ist Jesus? Alles andere ist unwesentlich. Er ist der Gekreuzigte. Er ist nur dann unverkennbar Jesus von Nazareth als der Mann am Kreuz. Das Kreuz ist das Merkmal des Auferstandenen. Und das bedeutet: Christsein ist Nachfolge im Schatten des Kreuzes.

Zählen wir Leute mit zweifelhaftem Ruf zu unserem Freundeskreis, ist es unvermeidlich, dass auch unser eigener Ruf Schaden nimmt. Was ist wertvoller als unser guter Name? Es gibt wohl kaum jemanden, für den gesellschaftliches Ansehen nicht von Bedeutung wäre. Was würden die Leute denken, wenn wir regelmäßig in Gesellschaft von Prostituierten, Drogenhändlern und Pennbrüdern gesehen würden?

Jesus mischte sich ohne Vorurteile unter die Taugenichtse und die von der Gesellschaft Geächteten und Verstoßenen. Er suchte den Kontakt zu den Zöllnern – »das waren die Sünder schlechthin: die traurigen Sünder par excellence. Angehörige eines verfemten Gewerbes, Verhasste, Betrüger und Gauner, reich geworden im Dienst der Besatzungsmacht, mit permanenter Unreinheit behaftete Kollaborateure und Verräter der nationalen Sache, unfähig zur Buße, weil sie gar nicht mehr wissen können, wen sie alles um wie viel betrogen haben. Und gerade mit solchen professionellen Gaunern musste sich Jesus einlassen.«[37]

Der Theologe Albert Nolan kommentiert das skandalöse Sympathisieren Jesu mit den Sündern folgendermaßen:

»Er hatte keine Angst davor, einen Skandal heraufzubeschwören oder seinen guten Ruf oder sogar sein Leben zu verlieren. Sämtliche Männer des Glaubens, selbst Johannes der Täufer, waren schockiert über den gesellschaftlichen Umgang Jesu mit den Sündern und dass er gern mit ihnen zusammen zu sein schien, über seine Toleranz bezüglich der Gesetze, über seine scheinbare Gleichgültigkeit, was die Wichtigkeit der Sünde betraf und über die leichte, ungezwungene Art, wie er mit Gott umging. (...) Jesus ging keine Kompromisse ein, um in den Augen anderer auch nur ein Quäntchen an Prestige zu gewinnen. Er strebte nicht nach Lob und Anerkennung, nicht einmal nach der Anerkennung der Mächtigen.«[38]

Zwei Jahrtausende später stelle ich fest, wie bedrohlich, provokativ und begeisternd das Leben Jesu auf mich wirkt: seine Freiheit von menschlichen Normen, seine außergewöhnliche Unabhängigkeit, sein unbeugsamer Mut und seine unvergleichliche Echtheit und Glaubwürdigkeit. In meinem Dienst als Verkündiger des Evangeliums erfuhr ich die Gnade, furchtlos sprechen zu können, nach dem Wissen und in der Überzeugung, dass das Wort Gottes nicht geschmälert, verfälscht oder verwässert werden darf. In meinem persönlichen Leben jedoch bringen mich meine Ängste und Unsicherheiten weiterhin dazu, verzweifelt die Anerkennung anderer zu suchen, eine defensive Haltung einzunehmen, wenn ich zu Unrecht beschuldigt werde, mich schuldig zu fühlen, wenn ich eine Bitte abgelehnt habe, gehorsam die Erwartungen zu erfüllen, die andere an mich haben, und zu versuchen, allen Leuten alles zu sein, in einer Weise, bei der dem Apostel Paulus die Haare zu Berge stehen würden.

»Menschen mit Macht werden versuchen, mich ihnen gleich zu machen und mich dazu zu bringen, ihren Erwartungen gemäß zu leben. Vielleicht werde ich es riskieren müssen, unbequem zu sein, mich aufzulehnen und den Mächtigen die Stirn zu bieten. Es ist meine Bestimmung, auf eigenen Füßen zu stehen und die Fähigkeit zu entwickeln, bei Entscheidungen, die mein Leben betreffen, ja oder nein zu sagen. Lasse ich zu, dass andere mich von meinem Weg abbringen, werde ich zum Opfer der Fremdbestimmung, zum Ja-Sager, der es allen recht machen will und von den tyrannischen Forderungen anderer beherrscht wird. Das Versagen, mich anderen gegenüber zu behaupten und Verantwortung für die Richtung meines Lebens und die Verbreitung der Liebe im Licht von Gottes Plan für mich zu übernehmen, sollte gesunde Schuldgefühle hervorrufen.«[39]

Ich kann mich nicht selbst befreien. Ich muss befreit werden. Dennoch beunruhigt mich die uneingeschränkte Freiheit Jesu. Seine völlige Gleichgültigkeit gegenüber von Menschen aufgestellten Normen ist mir nicht geheuer. Doch er lädt mich ein, meine Unsicherheiten anzunehmen, ihnen mit einem Lächeln zu begegnen und geduldig zu warten, bis sie wie von selbst verschwinden. Er lädt mich ein, in der Gewissheit zu leben, dass er seine Freunde nie im Stich lässt, selbst wenn ich ihn enttäusche, und mich in erwartungsvollem Glauben auf den Tag zu freuen, an dem ich zu dem wütenden Vorsitzenden irgendeines obskuren Vereins, der mich einladen wollte, einen Vortrag zu halten, sagen kann: »Nein danke, liebe Leute, ich habe kein Interesse daran.«

Man kann mit Sicherheit behaupten, dass das zentrale und wichtigste Thema im persönlichen Leben Jesu – das Thema, das der Schlüssel zu seiner Person ist – sein wachsendes Vertrauen und seine zunehmende Liebe und Vertrautheit mit Abba, seinem himmlischen Vater, ist. Christus war in seinem innersten Wesen ganz und gar auf den Vater ausgerichtet. Der entscheidende Schlüssel für die Auslegung der Erzählungen des Evangeliums, die Basis der felsenfesten Gebote Jesu, die Quelle seines glühenden Eifers und seiner Hingabe war seine persönliche Erfahrung Gottes als Abba, den Vater. »Was in diesem kleinen Wort mitschwingt, wird immer außerhalb unserer eigenen Erfahrung bleiben, und doch können wir darin etwas von der Nähe Jesu zu seinem Vater spüren. Es rührt an das Innerste seiner Persönlichkeit. Die Abba-Erfahrung machte ihn zu dem Menschen, der er war. Sie befreite ihn von jeglicher Selbstbezogenheit und machte ihn fähig, jedem einzelnen Menschen ungezwungen und mit großer Offenheit und Anteilnahme und einer befreienden Liebe zu begegnen.«[40]

Der kostbarste Schatz meines Lebens, das allergrößte Geschenk, das ich je von Jesus erhielt, ist, dass ich den Vater kennen lernen durfte. »… und niemand kennt den Sohn als nur der Vater; und niemand kennt den Vater als nur der Sohn und wem es der Sohn offenbaren will« (Matthäus 11,27). Der bekannte Theologe Joachim Jeremias nannte dies die zentrale Offenbarung des Neuen Testamentes.

Jesus führte eine revolutionäre Veränderung des Gottesverständnisses herbei. Es ist unmöglich, die unermessliche Fülle der barmherzigen Liebe des Vaters in Worte zu fassen. Der Gott, den der Junge Ruller aus Flannery O'Connors Kurzgeschichte kennt – strafend und Furcht einflößend – und alle anderen falschen Gottesbilder müssen weichen. Projektion wird als Götzendienst entlarvt. Zu einem anderen Gott zu beten als zu dem Vater, der seine Freude an der Versöhnung mit seinen Kindern hat, ist ein Trugschluss oder Aberglaube. Wer an Gott glaubt, der sieht in ihm niemand anderen als den Gott, der in der Person Jesu offenbar wird: »Wer mich sieht, der sieht den Vater!« (Johannes 14,9).

Wir werden das Geheimnis der Liebe des Vaters zu seinen Kindern nie ganz ergründen können, denn sie übersteigt alle menschliche Erfahrung. Im Gleichnis vom Verlorenen Sohn begegnet uns diese bedingungslose Liebe.

Nehmen wir einmal an, Sie hätten Ihrem jüngsten Sohn ein Studium an einer renommierten Universität finanziert mit allen damit verbundenen Opfern und Kosten. Zur Feier des erfolgreich abgeschlossenen Studiums spendieren Sie eine rauschende Party für zweihundert Personen – Champagner und Kaviar, Pizza und perlender Rotwein, Torte und Eiskrem. Britney Spears, 'N Sync und U2 werden zur musikalischen Umrahmung eingeflogen. Es wird gefeiert bis zum Morgengrauen. Als die letzten Gäste gegangen sind, sitzen Sie mit Ihrem Sohn vor dem prasselnden Kaminfeuer und fragen ihn, ob ihm die Party gefallen habe. Die ernüchternde Antwort lautet: »Ich will dir nichts vormachen, Paps. Ich habe es satt: deine moralischen Werte, dein Gesichtsausdruck. Ich kann dich nicht ausstehen. Morgen läuft meine Versicherungspolice ab, dann bin ich mein eigener Herr und kann meine eigenen Wege gehen. Ich habe meinen Uni-Abschluss in der Tasche, meine Eintrittskarte für ein Leben in Saus und Braus.«

Sie sind fassungslos und traurig, aber Sie wissen, Sie können ihn nicht halten. Während der kommenden drei Jahre haben Sie keinerlei Anhaltspunkte über seinen Verbleib und ob er überhaupt noch am Leben ist. Kein Anruf, keine Postkarte. Auch die Polizei findet keine Spur von ihm.

Dann, eines Montagmorgens um drei Uhr klingelt es an Ihrer Haustür. Benommen stolpern Sie nach unten und öffnen. Sie trauen Ihren Augen nicht: Da steht Ihr Sohn auf der Schwelle, mit einer Alkoholfahne, Lippenstiftspuren an seinem Kragen, seine Kleidung unordentlich und zerknittert.

Wenn Sie dieser Vater wären, was würden Sie tun bei der Rückkehr Ihres verlorenen Sohnes? Sie fallen ihm um den Hals, bedecken ihn mit Tränen und Küssen, schalten im ganzen Haus das Licht an, wecken Ihre Frau und rufen: »Hol die Flasche Dom Perignon aus dem Keller und leg Händels Messias auf! Bobby ist wieder da! Er ist nicht tot; er lebt!«

Ihre Nachbarn denken wahrscheinlich, Sie hätten nicht mehr alle Tassen im Schrank. Aber Jesus sagt: »So ist mein himmlischer Vater. Er wünscht sich mehr als alles andere, dass du nach Hause findest. Seine Liebe kennt keine Grenzen. Deine schwache, unbeständige, berechnende, menschliche Liebe ist nicht vergleichbar mit der Liebe meines Vaters. Denn er ist Gott und nicht Mensch.«

»Wir könnten diese Erzählung aber auch anders ausgehen lassen: Der Vater weist den Sohn zunächst zurück; er stützt sich auf seinen Respekt und seine Überlegenheit und verlangt von seinem Bengel Beweise für dessen Gesinnungswandel; er hält ihm eine Predigt über das Hörnerabstoßen, bevor er ihm einen Kuss als Zeichen seiner Vergebung gewährt; er nimmt den reuigen Sünder bei seinem Wort – was dieser auch reichlich verdient – und lässt ihn ein bis zwei Jahre als Sklave arbeiten, bis die Schande der Familie gesühnt und der Gerechtigkeit Genüge getan ist. Kurzum, stellen Sie sich irgendein anderes Ende vor als das biblische und Sie haben das schönste Bild erlösender Gnade, das es je gab, zerstört und Gott auf die Ebene menschlicher Maßstäbe reduziert. Heidnische Religionen – und manche Ausprägungen des christlichen Glaubens – sind Beispiele für die oben genannten Spielarten; doch nur Christus weist auf den Vater, der selbst leidet und uns seine rettende Vergebung anbietet.«[41] Jesus ist das menschliche Antlitz dieses leidenden, liebenden, vergebenden Vaters.

Obgleich es bemerkenswert einfach ist, Gott »Abba« zu nennen, ist es für uns nahezu unmöglich, stets treu und unerschütterlich als seine geliebten Kinder im Glauben zu stehen. Aus ganzem Herzen und mit ganzer Überzeugung »Dein Wille geschehe« zu beten wird uns eine Menge abverlangen. (Jesus kostete es das Leben.) Den Willen Gottes zu erkennen und in jeder Situation zu tun, erfordert bedingungslosen Gehorsam Jesus gegenüber. Er sagte: »Denn ich bin vom Himmel gekommen, nicht damit ich meinen Willen tue, sondern den Willen dessen, der mich gesandt hat« (Johannes 6,38). Dies war das tägliche Brot Christi, und dasselbe verlangt er auch von seinen Nachfolgern.

Die Formulierung »Dein Wille geschehe« erscheint an nur vier Stellen des Neuen Testamentes, die alle im Zusammenhang mit dem Durchleiden eines Martyriums stehen.[42] In der vergleichenden Gegenüberstellung der Passionsgeschichte verweisen die Evangelien deutlich auf den bevorstehenden Tod Jesu. Der Apostel Paulus erklärt seine Bereitschaft zum Leiden mit den Worten: »Was macht ihr, dass ihr weint und brecht mir mein Herz? Denn ich bin bereit, nicht allein mich binden zu lassen, sondern auch zu sterben in Jerusalem für den Namen des Herrn Jesus. Da er [Paulus] sich aber nicht überreden ließ, schwiegen wir [die Jünger] und sprachen: Des Herrn Wille geschehe« (Apostelgeschichte 21,13-14). Für Paulus war der Tod nicht das Ende, sondern vielmehr das Tor zur Ewigkeit, wo die offenen, wartenden, ausgestreckten Arme Abbas auf ihn warteten. In der nicht-kanonischen Schrift »Das Martyrium des Polycarp« ruft Polycarp, als die Soldaten ihn geißeln: »Gottes Wille geschehe!«

Der Wille des Vaters ist ein Strom des Lebens, der in den Sohn mündet und dessen ganzes Dasein erfüllt. Der Wille des Vaters spendet ihm mehr Leben als die Nabelschnur seiner irdischen Mutter. Wer bereit zum liebenden Gehorsam ist, der wird selbst zu einem Teil dieses Stromes. Wenn wir Jesus nachfolgen, dann sind wir mit ihm inniger verbunden als er es mit seiner leiblichen Mutter war.

Das Anerkennen unseres himmlischen Vaters als die Quelle allen Lebens und aller Heiligkeit führt uns zur Dankbarkeit, die ein besonderes Merkmal der Kinder Gottes sein sollte. Die Bitte »Unser täglich Brot gib uns heute« drückt die Abhängigkeit von unserem Schöpfer aus, in der wir alles im Leben als Gottesgabe betrachten. Eine solche Einstellung wirkt der Besitzgier entgegen, denn wir wissen, dass wir in Wirklichkeit nichts besitzen, sondern alles, was wir haben, von Gott kommt.

Doch wie widerstrebend nehmen wir seine Gaben an! Stattdessen stecken wir unser Revier ab, beanspruchen es als unseren Bereich, sind von Habgier besessen und ängstlich besorgt über materielle Sicherheiten und scheinbar wertvollen Firlefanz, zum Beispiel über unsere Golfbälle und den gepflegten Rasen. »Wir sammeln unsere Habe in Scheunen, versichern die Scheunen und ihren Inhalt, kaufen einen Schäferhund oder stellen einen Nachtwächter ein und versuchen zu verhindern, dass Schwarze ihre Scheunen in derselben Gegend bauen.«[43] Wir verkaufen unsere Seelen an die Götzen des Materialismus und der Macht. Daran krankt unsere Gesellschaft und unsere gesamte Existenz. Statt von Barmherzigkeit werden wir von Konkurrenzdenken getrieben, sehen in unserem Nächsten den Rivalen, frönen einem Leben in Luxus, sind versklavt in der babylonischen Gefangenschaft der modernen Welt.

Auf dem Sklavenmarkt findet man keine dankbare Lebenshaltung.

Jesus dagegen befreit uns von der Gier nach Geld oder Macht, von der Vergnügungssucht und dem weit verbreiteten

Gefühl des Selbsthasses, das unser labiles Gewissen plagt. Mit unvorstellbarem Weitblick lädt er uns ein, neue Prioritäten zu setzen und verheißt uns einen Frieden, der alle Versprechungen der Welt übertrifft: »Trachtet vielmehr nach seinem Reich, so wird euch das alles zufallen« (Lukas 12,31).

Dies ist der Jesus, der meiner verwundeten Seele in den Jahren geistlicher Dürre begegnet ist, der Christus, der in mir lebt. Von ihm gehen ein Zauber und eine leuchtende Schönheit aus, durch die ich mich unwiderstehlich zu ihm hingezogen fühle. Wie in dem Märchen vom Rattenfänger zu Hameln kann mein einsames Herz nicht anders, als ihm zu folgen. Und es ist kein leeres frommes Gerede, wenn ich behaupte, dass Jesus Christus für mich der einzige wirkliche Grund ist zu leben. Entscheidend ist einzig und allein Christus, der in allem lebt und alles wirkt, wie es der Apostel Paulus treffend formulierte (siehe Kolosser 3,11).

Damit wir dem Nazarener und seinem Weg treu sein können – sowie uns selbst und anderen –, müssen wir frei werden von den widerwärtigen Fesseln des Selbsthasses und der Knechtschaft des Projektionismus, Perfektionismus, der Gesetzlichkeit und ungesunden Schuld. Freiheit, die zur Treue befähigt, setzt Freiheit von der Versklavung voraus.

Der Satz ist zum müden Klischee geworden, zum abgedroschenen Autoaufkleber, zu einem abgenutzten und oft oberflächlichen Spruch, aber er ist der Kern des Evangeliums: *Jesus ist die Antwort.* Ist da irgendein Preis zu hoch für das Vorrecht, unsere eigene, persönliche Antwort geben zu können auf die bedeutungsvolle Frage des Herrn: Wer sagt denn ihr, dass ich sei? »Ja, ich erachte es noch alles für Schaden gegenüber der überschwänglichen Erkenntnis Christi Jesu, meines Herrn. (...) und ich erachte es für Dreck, damit ich Christus gewinne und in ihm gefunden werde ...« (Philipper 3,8-9).

Kapitel 3

# Heilung durch Tischgemeinschaft

Im Jahr 1925 wäre es undenkbar gewesen, dass ein wohlhabender Plantagenbesitzer in Georgia seine formelle Einladung zu einem gesellschaftlichen Anlass in seinem Haus auf vier farbige Baumwollpflücker ausdehnt. Hätte er sie gebeten, gemeinsam mit ihm zu dinieren, einschließlich Cocktails zum Aperitif und der danach folgenden gepflegten Unterhaltung beim Brandy, so hätte er damit den Unmut der schockierten oberen Zehntausend in ganz Georgia und im Nachbarstaat Alabama erregt und den Ku-Klux-Klan auf den Plan gerufen. Das gesellschaftliche System war geprägt von Rassismus, sozialer Ungerechtigkeit und Diskriminierung, und wer sich nicht an die unumstößlichen Regeln hielt, der verlor zwangsläufig seinen Ruf.

Heutige Christen können nur schwer nachvollziehen, welchen Skandal Jesus in der damaligen Zeit unter den Juden in Palästina verursachte. Das gesellschaftliche System war unerbittlich und die Einhaltung der sozialen Ordnung wurde rigoros durchgesetzt. Es war illegal, Umgang mit Sündern zu pflegen, die als Gesetzlose galten. Es war verboten, Tischgemeinschaft mit Bettlern, Prostituierten und Zöllnern zu halten; solches galt als religiöses, soziales und kulturelles Tabu.

Der Theologe Marcus Borg schreibt: »… eines der erstaunlichsten Merkmale Jesu war, dass er sich mit ›Sündern‹ – das heißt, mit den von der Gesellschaft Ausgestoßenen – zu Tisch setzte. Für Pharisäer (und andere) war es undenkbar, mit jemandem zu essen, der als unrein galt, und kein ehrbarer Bürger hätte sich je mit einem sozial Geächteten an einen Tisch gesetzt.«[44] Als Jesus sogar in Gesellschaft von Steuereintreibern aß, zog er damit den Ärger der religiösen Wortführer auf sich, denn die Zöllner »gehörten von den Unberührbaren zu den Schlimmsten.«[45]

Leider ist die Bedeutung des gemeinschaftlichen Essens in unserer westlichen Kultur weitgehend verloren gegangen. Im Orient ist das gemeinsame Mahl ein Symbol des Friedens, Vertrauens, der Bruderschaft und Vergebung; man teilt nicht nur das Essen, sondern auch das Leben. Für einen orthodoxen Juden bedeutet der Satz: »Lassen Sie uns gemeinsam zu Abend essen«, so viel wie: »Ich möchte gern eine freundschaftliche Beziehung zu Ihnen aufbauen.«

Noch heute unterscheiden Mitglieder des orthodoxen Judentums sehr wohl zwischen einem zwanglosen Treffen bei Kaffee und Keksen und einer förmlichen Einladung zum Abendessen. Denn die bedeutet: »Ich lade Sie ein in mein *mikdash me-at*, mein kleines, hauseigenes Heiligtum, mein Esszimmer, und wir werden das Leben feiern und sein herrlichstes Geschenk – die Freundschaft.« Das ist es, was Zachäus heraushörte, als Jesus ihn aufforderte, von seinem Maulbeerbaum herunterzusteigen. Und dies ist der Grund, weshalb Jesus, wenn er Tischgemeinschaft mit Sündern hielt, von Anbeginn seines Wirkens immer wieder feindliche Kommentare auf sich zog.

Es entging den Pharisäern nicht, dass Jesus mit dem Abschaum der Gesellschaft sympathisierte. Damit brach er nicht nur das Gesetz, damit untergrub er das Fundament der jüdischen Kultur! »Als sie das sahen, murrten sie alle und sprachen: Bei einem Sünder ist er eingekehrt« (Lukas 19,7). Zachäus aber, der sich nicht allzu sehr um Ansehen oder Ehrbarkeit scherte, war außer sich vor Freude.

»Die Bedeutung, die solche Tischgemeinschaften auf die Armen und die Sünder gehabt haben musste, kann nicht hoch genug eingeschätzt werden. Indem er sie als Freunde und gleichwertige Menschen ansah, nahm Jesus die Schande, Demütigung und Schuld von ihnen. Indem er ihnen zeigte, dass sie ihm nicht gleichgültig waren, sondern dass er sie als Menschen schätzte, gab er ihnen ihre Würde zurück und befreite sie aus der alten Knechtschaft. Der körperliche Kontakt, den sie bei Tisch zu ihm gehabt haben mussten (Johannes 13,25) und den er offensichtlich nicht zurückwies (Lukas 7,38-39), muss ihnen ein Gefühl der Reinheit und Akzeptanz gegeben haben. Darüber hinaus werden sie, da Jesus als Prophet und Mann Gottes galt, seine Geste der Freundschaft als Zeichen gedeutet haben, dass Gott ihnen wohlgesonnen war. Wenn Jesus sie so annahm, wie sie waren, dann würde Gott sie auch annehmen. Er sah über ihre Sündhaftigkeit, Unwissenheit und Unreinheit  hinweg und machte sie ihnen nicht zum Vorwurf.«[46]

Durch seine Tischgemeinschaft mit den Außenseitern der Gesellschaft drückte Jesus auf rituelle Weise die Liebe seines Vaters aus, die keine Unterschiede macht – eine Liebe, die ihre Sonne über böse und gute Menschen aufgehen und es über Gerechte und Ungerechte regnen lässt (Matthäus 5,45). In der Einbeziehung von Sündern in die Gemeinschaft der Erlösten kommt die Botschaft der rettenden Liebe des barmherzigen Gottes auf anschauliche Weise zum Ausdruck.

Vor einigen Jahren hielt der deutsche Theologe Karl Rahner in Rom einen Vortrag zum Thema Erlösung, worin er die Bemerkung machte, Erlösung sei »wie eine Flasche Coca-Cola«. Dies war die Zeit einer flächendeckenden Kampagne in Europa, in der jede nur erdenkliche Werbefläche mit Coca-Cola-Plakaten bedeckt war.

Rahner verglich und beschrieb die Erfahrung der Erlösung mit der Erfrischung durch eine zischende Flasche Coca-Cola an einem heißen Sommertag.[47]

John O'Grady schrieb:

»Alles, was zum Wohlbefinden der Menschen beiträgt, alles Gute, Edle, Schöne und Wahre ist die Erfahrung der Erlösung. Erlösung ist nicht der Zukunft vorbehalten. Sie ist gegenwärtig, wann immer wir uns bei einer Familienfeier zu Tisch setzen, wie etwa an Thanksgiving, wann immer wir gutes Essen, guten Wein und gute Gemeinschaft genießen, in Dankbarkeit für alles Gute, das wir erhielten und was wir aneinander haben.«[48]

Das schlichte Teilen einer Mahlzeit in den Häusern und draußen im Freien, wie Jesus es tat, war Eucharistie – man sammelte sich um den Tisch des Herrn. So sollte es auch bei den Tausenden von Mahlzeiten sein, die eine Familie jährlich gemeinsam einnimmt. Diese eucharistischen Mahlzeiten zur Zeit Jesu waren Dankesfeiern für die Gaben Gottes und das Geschenk des Lebens, die sich in froher Gemeinschaft ausdrückten und darin, dass man das Essen miteinander teilte. Dies scheint die Lieblingsbeschäftigung Jesu gewesen zu sein, wenn er Erholung suchte. Essenseinladungen gehörten so sehr zum täglichen Leben Jesu, dass ihm des Öfteren vorgeworfen wurde, er sei ein »Fresser und Weinsäufer« (Lukas 7,33).

Die sorgfältigen Recherchen des Theologen Albert Nolan deuten darauf hin, dass Jesus in Kapernaum ein eigenes Haus hatte oder zumindest eines, dass er gemeinsam mit Petrus, Andreas und deren Familien bewohnte. Doch zweifellos hat er in seinen Jahren als Wanderprediger auch oftmals am Straßenrand übernachtet oder wurde von Freunden aufgenommen. »… aber der Menschensohn hat nichts, wo er sein Haupt hinlege« (Matthäus 8,20). Doch wenn er von seinen Reisen zurückkehrte, hatte er im entfernten Sinne so etwas wie einen festen Wohnsitz.[49] Die Wendung »Dieser nimmt Sünder auf und isst mit ihnen« (Lukas 15,2; Revidierte Elberfelder Bibel) deutet möglicherweise an, dass Jesus oft Gäste zu sich einlud. Es ist denkbar, dass er zu dem Zweck mehr als einmal einen großen Saal mietete (wie etwa beim Abendmahl). Die Gästeliste bestand vermutlich aus einer bunt zusammengewürfelten Gesellschaft von Eselshändlern, Prostituierten, Hirten, Pennbrüdern und Glücksspielern. Soziale Ambitionen hatte Jesus mit Sicherheit nicht!

Wem seine soziale Stellung in unserer heutigen Gesellschaft etwas wert ist, der wird wohl überlegt abwägen, mit wem er freundschaftliche Beziehungen pflegen will. Er wird für seine Gäste umfangreiche Vorbereitungen treffen und nach einem gelungenen Abend gespannt auf eine Gegeneinladung warten. Bewusst oder unbewusst wissen auch die Mächtigen, die sich auf dem Parkett der modernen Welt bewegen, die Bedeutung des Rituals des gemeinsamen Essens zu schätzen. Die Gäste Jesu, die Sünder, wussten jedenfalls, dass eine Tischgemeinschaft nicht nur reine Höflichkeit war, sondern Akzeptanz, Versöhnung, Brüderlichkeit und das Angebot des Friedens bedeutete. Hans Küng schreibt: »Diese Mahlgemeinschaft mit den von den Frommen Abgeschriebenen war für Jesus nicht nur Ausdruck liberaler Toleranz und humanitärer Gesinnung. Sie war Ausdruck seiner Sendung und Botschaft: Friede, Versöhnung für alle ohne Ausnahme, auch für die moralischen Versager.«[50]

In einer ländlichen Gegend in Colorado war ich einmal bei einem Pastor zu Gast, der jeden Sonntag eine Familie zu sich ins Pfarrhaus zum Essen einlädt. Häufig sind es Menschen, die nicht oder nicht mehr zur Kirche gehen. Es gab eine einfache, hausgemachte Mahlzeit, die Atmosphäre war liebevoll, und wir unterhielten uns angeregt. Die eingeladene Familie erzählte von tiefen Verletzungen durch einen früheren Pastor, was sie bewogen hatte, der Kirche den Rücken zu kehren. In dieser Tischrunde erlebten die Gäste, dass man ihnen zuhörte ohne zu verurteilen, dass sie nicht für schuldig erklärt, sondern barmherzig freigesprochen wurden. In der darauf folgenden Woche kamen sie wieder zum Gottesdienst – geheilt durch ein schlichtes Sonntagsessen! Die Tischgemeinschaft mit dem Pastor hatte sie zurück in die Gemeinschaft mit Gott geführt.

Wie rechtfertigen wir, dass geschiedene Christen vom Abendmahl ausgeschlossen werden, wenn Jesus die Sünder einlud und für die moralisch Gescheiterten den Tisch deckte? Wie lange soll es noch so weitergehen? Was die Voraussetzungen und Bedingungen für die Annullierung einer Ehe betrifft, wurde innerhalb der römisch-katholischen Kirche der Rahmen bereits weiter gesteckt. »Obwohl diese Verfahrensweise eine gewisse Erleichterung hervorrief, ist sie eindeutig ein juristischer Notbehelf, anfällig für Missbrauch jeglicher Art, und löst keineswegs die grundlegenden, akuten, schwierigen Probleme.«[51]

Ein 68-jähriger Mann aus Florida bat mich einmal zu einem seelsorgerlichen Gespräch, genauer gesagt, er fiel mir weinend in die Arme. Man hatte ihm sechsundvierzig Jahre lang die Tischgemeinschaft und die heilige Kommunion verweigert. Selbst der inzestuöse Mann aus Korinth erhielt die Erlaubnis, in die Gemeinschaft der Gläubigen zurückzukehren, damit er nicht der Verzweiflung anheim fiel. Im Laufe des seelsorgerlichen Gesprächs erfuhr ich, dass der betreffende Mann im Zweiten Weltkrieg verwundet worden und nach seiner ehrenhaften Entlassung in die Vereinigten Staaten zurückgekehrt war. In seiner großen Einsamkeit hatte er eine junge Frau, die er kaum kannte, kirchlich geheiratet. Innerhalb von drei Wochen hatte sie ihn mit mehreren anderen Männern betrogen, und die Ehe wurde bald darauf wieder geschieden. Als er später seine zweite Frau kennen lernte, ließ sich das Paar nur standesamtlich trauen. Die zweite Ehe war glücklich und heilte, wie so oft, die Wunden der gescheiterten Beziehung. Doch der geschiedene und zum zweiten Mal verheiratete Mann wurde aus seiner Gemeinde ausgeschlossen.

Auch wenn eine Ehe im jugendlichen Leichtsinn geschlossen wurde, frage ich mich: Muss jemand sein Leben lang dafür büßen, weil er nicht ahnen konnte, was weder seine Familie noch die Familie der Braut wissen konnten? Der kirchliche Erlass, der in so einem Fall den Ausschluss von der christlichen Gemeinschaft vorsieht, macht Barmherzigkeit für die Kirche unmöglich. »Es ist schwer nachzuvollziehen, wie die Verweigerung von Barmherzigkeit die Liebe Jesu widerspiegeln soll«, sagt der Theologe John McKenzie. »Hier werden offensichtlich materielle Dinge und Ideologien über den Menschen gestellt.«[52] Da Gedankenlosigkeit und Hartherzigkeit bei den religiösen Machthabern vorherrschen, schrumpft die Gästeliste für das Bankett immer mehr zusammen und die Anzahl der leeren Stühle am Tisch des Herrn nimmt zu. Jesus sagt uns, wir sollen an die Hecken und Zäune gehen und die Bettler, Krüppel und Verzweifelten einladen – stattdessen gebieten wir denen, die bereits am Tisch sitzen, aufzustehen und zu gehen und schließen hinter ihnen die Tür!

John McKenzie, dessen Gedankengut einen entscheidenden Einfluss auf meinen Dienst als Pastor ausübte, schreibt ferner: »Hätte die Kirche dieselbe Exegese auf die Texte über Ehescheidung angewendet wie auf die weitaus zahlreicheren Texte über Gewaltlosigkeit und den Erwerb von Reichtum, so wäre Scheidung unter den Christen nicht weiter verbreitet als Krieg und Reichtum.«[53]

Nach einer umfassenden Betrachtung der Aussagen Jesu zum Thema Ehescheidung bemerkt Richard B. Hays, Professor für neutestamentliche Studien an der Duke University Divinity School: »Wenn eine Eheschließung unter anderem dazu dienen soll, ein Zeichen der Liebe Gottes in der Welt zu sein (als Symbol für die Liebesbeziehung zwischen Christus und der Gemeinde), wie können wir dann die Möglichkeit von uns weisen, dass die Wiederheirat nach einer Scheidung ein Zeichen der Gnade und Erlösung von Sünde und Zerbrochenheit der Vergangenheit sein kann?«

Und er fügt hinzu: »Auch wenn keiner der Verfasser des Neuen Testamentes derartige Schlüsse zieht, möchte ich diese Möglichkeit hiermit als konstruktive theologische Hypothese anbieten. Was mich dazu ermutigt hat, sind die Aussagen des Neuen Testamentes an sich, die – insbesondere in 1. Korinther 7 – uns als Leser zu einem Prozess des konstruktiven Nachdenkens über das Thema Scheidung und Wiederheirat einladen.«[54]

Ich werde oft von Menschen aller Altersgruppen gefragt, welches Buch außer der Bibel für mich das wichtigste sei, das ich je gelesen habe. Meine Antwort ist über die Jahre stets gleich geblieben: »Christ sein« von Hans Küng. Das Porträt, das der bekannte Theologe von dem echten Jesus zeichnet (im Gegensatz zu dem Jesus unseres Wunschdenkens) hat mein Verständnis von Christus und die Bedeutung christlicher Nachfolge radikal verändert. In seinem meisterhaften Werk schreibt er in leidenschaftlichen Worten:

»Ist doch die Kirche nicht nur für die religiös-moralisch Einwandfreien, sondern auch für die moralischen Versager, die Unfrommen und die aus verschiedenen Gründen Gottlosen da. Soll sie doch nicht verurteilen und verdammen, sondern bei allem richtenden Ernst der Botschaft heilen, verzeihen, retten und im Übrigen das Gericht Gott überlassen. Sollen doch auch ihre oft unumgänglichen Mahnungen und Warnungen nicht Selbstzweck, sondern Hinweis auf Gottes erbarmende Menschenfreundlichkeit und des Menschen wahre Menschlichkeit sein. Kann sie sich doch trotz aller Verheißungen nie als selbstgerechte Kaste oder Klasse der Reinen, Heiligen, moralisch Elitären aufspielen und nie in asketischer Aussonderung aus der Welt das Böse, Unheilige, Gottlose nur außerhalb ihrer selbst wähnen. Gibt es doch nichts an ihr, was vollkommen, was nicht gefährdet, gebrechlich, fragwürdig, was nicht immer wieder der Korrektur, Reform, Erneuerung bedürftig wäre. Geht doch die Front zwischen Welt und Gottesherrschaft, zwischen Gutem und Bösem mitten durch die Kirche, mitten durch das Herz des Einzelnen. (...) Eine solche Glaubensgemeinschaft weiß dann, dass sie der Gesellschaft kein Theater hoher Moralität vorzuspielen braucht, als ob gerade bei ihr alles zum Besten bestellt sei, dass ihr Glaube schwach, ihr Erkennen zwielichtig, ihr Bekennen stammelnd ist, dass es keine einzige Sünde und Verfehlung gibt, der nicht auch sie in dieser oder jener Weise schon erlegen wäre, so dass sie bei aller dauernden Distanzierung von der Sünde nie Anlass hat, sich von irgendwelchen Sündern zu distanzieren. Ja, wenn die Glaubensgemeinschaft selbstgerecht auf die Versager, Unfrommen und Unmoralischen herabblickt, dann kann sie nicht gerechtfertigt in Gottes Reich eingehen. Wenn sie sich aber ihrer Schuld und Sünde ständig bewusst bleibt, dann darf sie fröhlich und getrost von der Vergebung leben. Ihr ist die Verheißung gegeben, dass, wer sich selbst erniedrigt, erhöht wird.«[55]

Was können wir tun? Erlauben Sie mir einen kühnen, biblischen Vorschlag: Lassen wir die Kirche ein Jubeljahr oder Erlassjahr im Sinne des dritten Buches Mose ausrufen und ein Freudenfest veranstalten für alle entrechteten, heimgekehrten Christen! Das Gesetz im alten Israel schrieb vor, dass in jedem siebten Jahr, dem »Sabbatjahr«, alle Schulden erlassen werden mussten. In jedem fünfzigsten Jahr, dem »Erlassjahr«, musste alles seinem ursprünglichen Eigentümer zurückgegeben werden. Falls jemand sein Eigentum verloren hatte, sollte dadurch der alte Zustand wiederhergestellt werden. »Das ist das Erlassjahr, da jedermann wieder zu dem Seinen kommen soll« (3. Mose 25,13). Es galt: »Und bei all eurem Grundbesitz sollt ihr für das Land die Einlösung gewähren. (...) Kann er aber nicht so viel aufbringen, um es ihm zurückzuzahlen, so soll, was er verkauft hat, in der Hand des Käufers bleiben bis zum Erlassjahr. Dann soll es frei werden und er wieder zu seiner Habe kommen« (3. Mose 25,24.28).

Lasst die Verantwortlichen in unseren Kirchen in einem Jubeljahr, das erfüllt ist von dem Freudenschall des Evangeliums, bedingungslose, großzügige Vergebung erwirken für alle, die außerhalb der Legalität stehen. Lasst uns das Werk Jesu fortführen, die Außenseiter und verkrachten Existenzen von Schande, Demütigung, Zurückweisung und Selbsthass zu befreien, damit durch die Geste des Erbarmens das Antlitz eines barmherzigen Gottes sichtbar wird.

Wie wir gesehen haben, rechtfertigt Jesus seine Tischgemeinschaft mit den Sündern und sein Aufsehen erregendes
Benehmen vor seinen Kritikern, indem er sich darauf beruft,
dass Gottes Liebe für den zur Umkehr bereiten Sünder keine
Grenzen kennt. »Meine Worte und Taten«, sagt er, »entsprechen dem Wesen und dem Willen Gottes.« – Jesus sagt also,
dass die Liebe Gottes für den reuevollen Sünder durch seine
Taten sichtbar wird.[56] Durch die Gemeinschaft mit ihm führt
Jesus die Sünder in die Gemeinschaft mit Gott. Das Bewusstsein eines liebenden Gottes war für Jesus stets die alles durch-
dringende Wahrheit und ist die Basis für seinen freundschaftlichen Umgang mit den Außenseitern der Gesellschaft. Sein
Verhalten wurde zum Vorbild für den Dienst und Gottesdienst
der christlichen Gemeinde.

Die Transzendenz Gottes ist die Grundlage für die Predigten
Jesu und war für ihn stets eine natürliche Realität. Die klassische
Definition des Wortes »predigen« ist noch immer *aliis contempla-
ta tradere* – anderen die Früchte des eigenen Nachdenkens
weitergeben. Dies lässt Père Sertillanges anklingen, wenn er
schreibt:

»Versuchen wir einmal so gut wir können, das Gebet des
Herrn zu analysieren. Worauf beziehen sich seine Empfin-
dungen? Welche Gefühlsregungen ruft es hervor? Als Erstes
sicherlich Anbetung. (...) Anbeten heißt das Vollendete in
dem verehrten Objekt zu erkennen und zugleich die Nichtigkeit des Anbetenden. (...) Anbetung ist das Nichts, das verblasst und freudig erlischt in der Gegenwart des unendlichen
Gottes. Und das ist es, was Jesus tut. Er erkennt an, dass die
Geschöpfe ein Nichts sind, nichts als ein Hauch aus göttli-
chem Mund. Er weiß, dass er selbst ein Nichts ist in den Augen der Menschheit, die er mit Leben erfüllt, so wunderbar
dies auch ist. ›Warum fragst du mich, was gut ist?‹, sagte er
einmal zu einem jungen Mann. ›Nur einer ist gut: Gott.‹ Nur
einer ist groß und allmächtig, und der Mensch gewordene

Christus in all seiner Herrlichkeit ist nichts als ein Zweig, abgebrochen vom Stamm, vom Vater. Durch die Anbetung schließlich stieg Jesus demütig wieder empor und fand zurück zu seiner Quelle.«[57]

Dieses Bewusstsein der einzigartigen Heiligkeit, völligen Andersartigkeit und geheimnisvollen Macht und Herrlichkeit des Vaters liefert Zündstoff für die zornerfüllten Reden Jesu gegen die Pharisäer, die sich anmaßten, Gott auf die Begrenztheit der Torah zu reduzieren und ihn mit dem Talmud erklären zu wollen. Das Gottesbewusstsein Jesu ist jedoch nicht geprägt von Begriffen der Macht, Allwissenheit, Schönheit und Unvergleichlichkeit, sondern der Liebe. Indem er Gott »Abba«, seinen lieben Vater, nennt, macht Jesus deutlich, was das eigentlich Neue an seinem Gottesverständnis ist: Gott ist den Menschen nahe, weil er sie liebt. Deshalb ist die Liebe der Weg, um Zugang zu Gott zu finden.

Unsere Sonntagsgottesdienste sind der öffentliche, gemeinschaftliche Ausdruck der Liebe Gottes und der Nächstenliebe. Jede religiöse Zeremonie, bei der die Liebe fehlt oder beeinträchtigt wird, beeinträchtigt Gott selbst. Wenn wir Gottesdienst feiern, Gott loben und ihm danken, so soll dabei entstehen, was Jesus durch die Tischgemeinschaft erreichte: Dankbarkeit, Frieden, gegenseitige Annahme, Versöhnung und Brüderlichkeit. Solange Zwietracht, Unstimmigkeiten und kalte Gleichgültigkeit in unseren Gemeinden herrschen und die Atmosphäre bestenfalls von kühler Höflichkeit geprägt ist, solange das heilige Abendmahl auf ein bloßes Ritual reduziert wird, solange Cliquenwirtschaft und Splittergruppen vorhanden sind und es immer wieder zu Spaltungen aufgrund sozialer, geistlicher oder ethnischer Unterschiede kommt, wird die Kirche weiterhin dazu beitragen, dass diese Unterschiede noch mehr untermauert werden anstatt zu helfen, Mauern niederzureißen und das Klima unter den Christen zu verbessern.

»Anbetung, Gottesdienst und religiöse Riten als solche haben für Jesus keinen eigenen Wert«, schreibt der südamerikanische Theologe Jon Sobrino. »Sein Gott ist kein egozentrisches Wesen. Er ist auf Gemeinschaft angelegt und existiert nicht um seiner selbst willen. Gottesdienste und religiöse Zeremonien sind nicht nur heuchlerisch, sondern ganz und gar bedeutungslos, wenn sie nicht mit der Liebe für andere einhergehen, denn leere Rituale können wohl kaum dem Willen Gottes entsprechen.«[58]

Bei einer Cocktail-Party im Mittleren Westen standen sechs Paare zusammen und nippten an ihren Drinks. Ich hörte, wie einer der Männer zu seiner Frau sagte: »Du bist so dick geworden, dass ich mich schon fast schäme, mit dir irgendwohin zugehen.« Was die Frau aus seinen Worten heraushören konnte, war: »Ich liebe dich nicht mehr.« Der besagte Ehemann war Ältester seiner Gemeinde und galt als mustergültiger Christ. Aber nach wessen Kriterien? Wie Jesus dem Schriftgelehrten in Matthäus 22 antwortete, ist es der einzige Maßstab für echte Nachfolge, Gott und die Menschen von ganzem Herzen zu lieben. Und es gibt nichts, was die Liebe in zwischenmenschlichen Beziehungen ersetzen könnte.

Jesus bringt es auf den Punkt: »Darum: Wenn du deine Gabe auf dem Altar opferst und dort kommt dir in den Sinn, dass dein Bruder etwas gegen dich hat, so lass dort vor dem Altar deine Gabe und geh zuerst hin und versöhne dich mit deinem Bruder und dann komm und opfere deine Gabe« (Matthäus 5,23-24). Welch erschreckende Verlagerung religiöser Prioritäten! Die Anbetung Gottes und die kultische Handlung sind der Versöhnung mit dem Bruder untergeordnet. Aus der Sicht Gottes wird die Anbetung der Gemeinde – der musikalischen Qualität, der wortgewaltigen Predigt und den fantasievollen Mustern der Banner zum Trotz – daran gemessen, wie die Glaubensgeschwister miteinander umgehen und ob die Liebe sichtbar unter ihnen wohnt. Dieses Gebot Gottes könnte für fromme Christen heutzutage genauso skandalös wirken wie die Tischgemeinschaft Jesu mit den Sündern damals für die frommen Juden.

Welch enormes Potenzial für Heilung liegt in unseren Gemeinden! Wenn es also stimmt, dass wir die Barmherzigkeit Jesu Christi und seine bedingungslose Annahme nur dann wirklich spüren können, wenn wir uns auch von unseren Mitmenschen geliebt und angenommen wissen, dann ist es die Gemeinschaft der Gläubigen, in der Geschiedene, Alkoholiker, Taugenichtse, Außenseiter der Gesellschaft und alle emotional und psychisch Leidenden Heilung von Selbsthass erfahren können. Und es ist die Einstellung eines Christen zu seinen Brüdern und Schwestern in der Gemeinde, seine Beziehung nicht nur zu Gott, sondern auch zu seinen Glaubensgeschwistern, die Paulus meint, wenn er schreibt, dass Christen Glieder eines Leibes sind und dass die Glieder »in gleicher Weise füreinander sorgen« (1. Korinther 12,25) sollen. Wenn wir Christen unseren verlorenen Brüdern und Schwestern mit Warmherzigkeit, Liebe, Empathie und einer Einstellung, die niemals verurteilend ist, begegnen, so kann dies wie ein Katalysator für die heilende Kraft Jesu im Leben dieser Menschen wirken. Ein solcher, gelebter Glaube ist – gleichsam der Tischgemeinschaft Jesu mit den Sündern – eine Quelle der Heilung für die ganze Gemeinschaft der Christen.

# Kapitel 4

# Die Kraft der Gleichnisse

Der elfte Schritt des Programmes der Anonymen Alkoholiker
lautet: »Wir suchten durch Gebet und Besinnung die bewusste
Verbindung zu Gott – so wie wir ihn verstanden – zu vertiefen.
Wir baten ihn nur, uns seinen Willen erkennbar werden zu lassen und uns die Kraft zu geben, ihn auszuführen.« Am Schluss
meiner, wie ich dachte, meisterhaften Erläuterungen zu diesem
Punkt – einer vor tiefen theologischen, geistlichen und meta-
physischen Einblicken strotzenden Interpretation – kam eine
Frau aus dem Zuhörerraum auf mich zu und sagte: »Am besten
gefiel mir das Beispiel von der Erdbeere.« – »Ah, ja«, entgegnete ich. Sie antwortete: »Genau.« Und wir nickten in schweigen-
dem Einvernehmen über die Tatsache, dass eine bescheidene
Erdbeere einen größeren Eindruck hinterlassen hatte als meine
sämtlichen hochgestochenen Ausführungen.

Im Erzählen von Geschichten liegt eine ungewöhnliche
Kraft. Geschichten und Gleichnisse regen die menschliche Fantasie an und prägen sich unauslöschlich in unser Gedächtnis
ein. Der Journalist und christliche Apologet Malcolm Mugge-
ridge bedient sich der folgenden übertriebenen Darstellung zur
Veranschaulichung des Themas:

»Nur Mystiker, Clowns und Künstler sprechen nach meiner
Erfahrung die Wahrheit, welche, wie Blake beharrlich behauptet, sich eher durch unsere Vorstellung erschließt als
durch logisches Denken. Unsere Kenntnis von Jesus Christus ist eine zu wichtige Angelegenheit, als dass wir sie den
Theologen und Exegeten überlassen dürften. Seit dem
Mittelalter wurde von diesen Berufsgruppen die Kunst und

die Fantasie als Schlüssel zur religiösen Wahrheit schmählich vernachlässigt. Und alle, die dafür plädieren, dass Mystiker, Clowns und Artisten ihren Platz neben den Gelehrten wieder einnehmen, finden meine ungeteilte Zustimmung. Das Vorstellbare ist das Glaubhafte. Mit Wittgensteins Worten leicht modifiziert gesagt: Was sich überhaupt nicht vorstellen lässt, das muss man auf Schweigen und Unglauben beschränken.«[59]

Die Sprache und die Bilderwelt der Gleichnisse Jesu bieten uns einen faszinierenden Einblick in seine Denkweise und sein Einfühlungsvermögen. Unweigerlich drängt sich mir der Begriff »Bilderstürmer« auf. Noah Webster liefert dazu folgende Definition: »Jemand, der althergebrachten Überzeugungen und Einrichtungen den Kampf erklärt; jemand, der die Ehrfurcht vor religiösen Bildern ablehnt oder zerstört.« Jesus, der meisterhaft Geschichten erzählen konnte, war zweifellos ein Bilderstürmer. Seine Gleichnisse drückten in Worten aus, was seine Taten bewiesen. Er zertrümmerte die Götzenbilder und zerschlug vorgefasste Meinungen über das Wesen Gottes und die Bestimmung der Menschen.

Die Gleichnisse von der Barmherzigkeit Gottes – vom verlorenen Groschen, verlorenen Schaf und dem verlorenen Sohn insbesondere – haben ihre Wurzeln in der Erfahrung Jesu mit seinem Vater. Diese und andere Gleichnisse sind ein Spiegel dessen, wie Jesus die Liebe des Vaters erlebt hat. Die Geschichten sollten nicht nur seinen freundschaftlichen Umgang mit den Sündern untermauern, sondern auch seine Kritiker aufrütteln und ihre konventionelle Denkweise und Meinung von Gott umkrempeln. Jesus forderte die Pharisäer in ihrer Eindimensionalität heraus. Diese sahen schadenfroh dem Tag des Gerichts entgegen – siegesgewiss, dem Zorn Gottes dank ihrer Frömmigkeit und Einhaltung der Gesetze zu entgehen. Ein Evangelium, das die Elenden begnadigte, war für sie ein Stein des Anstoßes und sie bezeichneten Jesus vernichtend als Ungläubigen, der den

Willen Gottes missachtete. Jesus hingegen drehte den Spieß um, indem er praktisch sagte:

»Die Dirnen, die keine eingebildete Gerechtigkeit zu verteidigen haben, werden in das Königreich tanzen, während eure angebliche Tugendhaftigkeit im Feuer verbrennen wird! Hört, was ich euch sage: Ich bin gekommen, um den Anbruch eines neuen Zeitalters zu verkündigen, ein Zeitalter großer Barmherzigkeit. Lasst euch anstecken von der Freude und staunt über das Wunder der unvergleichlichen Liebe meines Vaters für die Verlorenen. Und dann vergleicht diese Lebendigkeit mit eurem eigenen freudlosen, lieblosen, undankbaren und selbstgerechten Leben! Lasst euer enges Verständnis von Gott und eure beschnittenen Moralvorstellungen hinter euch. Verlasst die ausgetretenen Wege und schlagt eine neue Richtung ein. Legt eure Lieblosigkeit ab und lasst euer Mitgefühl sprechen. Feiert die Heimkehr der Verlorenen und freut euch an der Großzügigkeit und Herrlichkeit des Vaters.«

Ein Christ, der die Bedeutung dieser drei Gleichnisse Jesu erfasst und verinnerlicht hat, wird nicht nur Befreiung von Selbsthass erfahren, sondern auch Heiligung. »Wer Jesus nachfolgen und sich somit von den unbekehrten Heiden unterscheiden will, der soll, gleich dem himmlischen Vater, ›vollkommen‹ sein«, schreibt der theologische Lehrer Donald Senior. »Lukas gebraucht das Wort ›barmherzig‹ (6,36). Die Begriffe ›vollkommen‹ und ›barmherzig‹ stehen in Zusammenhang, denn im Kontext der entsprechenden Matthäus-Stelle (Matthäus 5,48) bedeutet ›vollkommen‹ so viel wie ›ganz, vollständig‹. Ganz oder vollständig zu sein wie der Vater heißt, mit grenzenloser Barmherzigkeit zu lieben. (...) Der Barmherzigkeit Jesu nachzueifern und ihm von ganzem Herzen nachzufolgen, definiert die Bedeutung von ›vollkommen sein, wie euer Vater im Himmel vollkommen ist‹.«[60]

Diese Gleichnisse des großen Erzählers Jesus sind ein Licht in der Dunkelheit; mehr noch, sie sind ein loderndes Feuer. Sie zwingen uns, unseren Glauben neu zu überdenken, dem Gott, der in uns wohnt, nachzuspüren, und unsere Meinung von uns selbst und von anderen zu revidieren. Ihre klare, erdgebundene Bildhaftigkeit und Sprache nehmen uns mitten hinein in das Geschehen und regen zum Nachdenken an. Dabei mögen wir durchaus gemischte Gefühle haben. Ist diese Gute Nachricht zu gut, um wahr zu sein? Will ich mich mit Leib und Seele auf den Nazarener einlassen? Wer ist er überhaupt? Offenbart sich mir der Gott der Bibel tatsächlich in diesem Geschichtenerzähler und seinen Gleichnissen? Zeigt sich Gottes Barmherzigkeit wirklich auf endgültige und entscheidende Weise in Jesus von Nazareth?

Und überhaupt, was ist das für eine absurde Gerechtigkeit, wenn der faule Taugenichts besser behandelt wird als der fleißige Bruder mit der reinen Weste? Oder diese andere Geschichte von den Männern, die nur eine Stunde gearbeitet hatten und denselben Lohn bekamen wie die, die den ganzen Tag lang den Rücken krumm gemacht hatten – ist das etwa gerecht? Und was ist mit dem verrückten Samariter? Ich bin ja auch dafür, dass man einander helfen soll, aber dieser komische Weltverbesserer hat es wirklich übertrieben. Einem, der zusammengeschlagen und ausgeraubt wurde, aus dem Straßengraben zu helfen, sollte selbstverständlich sein, aber musste er ihn gleich in ein Hotel bringen und tagelang für Kost und Logis aufkommen? Für das Geld könnte ich einen ganzen Monat lang jeden Abend essen gehen und in Saus und Braus leben!

Dieser Geschichtenerzähler bringt unser Weltbild durcheinander. Seine Gleichnisse stellen unverhohlen unser herkömmliches Gottesbild und unsere geheiligten Maßstäbe für Gerechtigkeit in Frage. Aber sie bieten uns die Möglichkeit eines völlig neuen Lebensstils, der ganz anders ist als unser bisheriges, eingefahrenes Verhalten. Jesus stellt uns vor die Wahl: Nimm die Botschaft der Gleichnisse an oder lass sie links liegen und lebe nach deinem eigenen Willen. Öffne dich für die Liebe, die der

Vater dir schenken will, und lebe ein Leben der barmherzigen Liebe – oder kehre zurück in dein Reich der sicheren Frömmigkeit und angepassten Tugendhaftigkeit.

Beharrlich ruft Jesus uns durch seine Gleichnisse auf, ihm zu folgen und zu vertrauen, so wie er es vor zweitausend Jahren gegenüber seiner jüdischen Zuhörerschaft tat. Sie fragten ihn immer wieder: »Weshalb tust du das? Was treibt einen Propheten dazu, sich mit Gesindel abzugeben, dem alle ehrbaren Bürger aus dem Weg gehen?«

Jesus antwortete: »Weil sie krank sind und mich brauchen, weil sie ihre Taten ehrlich bereuen und weil sie dankbar sind, dass ihnen vergeben wurde und sie nun Gottes Kinder sind. Ihr dagegen in eurer Lieblosigkeit, Selbstgerechtigkeit und eurem Ungehorsam habt das Evangelium abgelehnt. Doch ich tue es vor allem, weil ich das Herz Gottes kenne, der gut zu den Armen und unsagbar froh ist, wenn Verlorene den Weg zurück zu ihm finden, dessen Vaterherz überfließt vor Liebe für ein heimgekehrtes Kind und der barmherzig ist gegenüber den Verzweifelten, Hilflosen und Bedürftigen. Deshalb tue ich das.«[61]

Ein weiteres Mittel, dessen Jesus sich bedient, um seine Nachfolger von der Knechtschaft des Selbsthasses zu befreien, sind die »Krisen-Gleichnisse«. Sie sind Warnrufe, Aufrufe zur Buße angesichts der fortgeschrittenen Stunde, und durch sie will Jesus uns sagen: »Während ihr rauschende Feste feiert, tobt draußen ein Orkan. Die Flutwelle kommt immer näher (...) Ihr zecht und tanzt – auf einem Vulkan, der jeden Augenblick ausbrechen kann.«[62] Die bevorstehende Gefahr duldet keinen Aufschub. In vielen Gleichnissen sagt der Herr: »Seht euch vor, wachet! Denn ihr wisst nicht, wann die Zeit da ist. Wie bei einem Menschen, der über Land zog und verließ sein Haus und gab seinen Knechten Vollmacht, einem jeden seine Arbeit, und gebot dem Türhüter, er solle wachen: so wacht nun; denn ihr wisst nicht, wann der Herr des Hauses kommt, ob am Abend oder zu Mitternacht oder um den Hahnenschrei oder am Morgen, damit er euch nicht schlafend finde, wenn er plötzlich kommt. Was ich aber euch sage, das sage ich allen: Wachet!« (Markus 13,33-37).

Der Bezug zu Lukas 12,35-40 ist unübersehbar: »Lasst eure Lenden umgürtet sein und eure Lichter brennen und seid gleich den Menschen, die auf ihren Herrn warten, wann er aufbrechen wird von der Hochzeit, damit, wenn er kommt und anklopft, sie ihm sogleich auftun. Selig sind die Knechte, die der Herr, wenn er kommt, wachend findet. (...) Seid auch ihr bereit! Denn der Menschensohn kommt zu einer Stunde, da ihr's nicht meint.«

In dem Gleichnis von der königlichen Hochzeit (Matthäus 22,1-14) lässt Jesus den Gast ohne hochzeitliches Gewand ergreifen und zur Tür hinauswerfen. Das Hochzeitsgewand ist gleichbedeutend mit der Buße. Legt es an, so lange noch Zeit ist und so lange ihr noch lebt. Zieht es heute an, bevor die Sintflut hereinbricht! Eine Krise ist stets die Aufforderung zur Umkehr.[63]

Rom steht in Flammen, sagt Jesus. Lasst das Feiern, ändert euer Leben und kommt zu mir. Lasst das Jammern um die vermeintlich gute alte Zeit, die, verklärt von der Erinnerung, niemals so gut war: Ein Kindergottesdienst, den ihr nie besucht habt, konservative Werte, die ihr nie eure eigenen nanntet, gesetzlicher Gehorsam, den ihr nie nachvollziehen konntet und eine tote Orthodoxie, die ihr nie akzeptieren konntet. Diese Ära alter Ordnungen ist vorbei. Das neue Zeitalter Gottes ist angebrochen.

Wer die Bedeutung dieser Worte und den Ernst der Lage erkannt hat, der weiß, dass die Entscheidung keinen Aufschub duldet. Durch seine Gleichnisse will Jesus uns die Angst nehmen und ruft uns gleichzeitig zum Handeln auf. Wer zögert, der verlängert damit auch Leiden und Selbsthass. Wir neigen dazu, nach bunt bemalten, billigen Glasperlen zu greifen anstatt nach den wertvollen Perlen, die Jesus uns anbietet. Wenn es um unser nacktes Leben geht, wenn wir an der Schwelle des moralischen Ruins stehen und alles zu entgleiten droht, dann schlägt die Stunde der Entscheidung. Und es ist kein Vertreter mit überflüssigem Schnickschnack, der an unsere Tür klopft, sondern Gott selbst in Christus mit einem einzigartigen Angebot, mit der Chance des Lebens. »Ich bin in die Welt gekommen als ein Licht, damit, wer an mich glaubt, nicht in der Finsternis bleibe« (Johannes 12,46).

Im Gleichnis von den anvertrauten Talenten müssen die drei Diener darüber Rechenschaft ablegen, wie sie das Geld ihres Herrn angelegt hatten. Den ersten beiden war es gelungen, das anvertraute Vermögen erfolgreich zu vermehren, auch wenn sie dabei gewisse Risiken eingehen mussten. Der dritte dagegen vergrub seinen Anteil – aus Angst, etwas davon zu verlieren. Er verkörpert jene Christen, die ihren Glauben in einen hermetisch versiegelten Behälter einschließen. Im Stadium ihres Kinderglaubens stehen geblieben, stolpern sie durch das Leben und verweigern sich hartnäckig jeder Chance zum geistlichen Wachstum, da sie kein Risiko eingehen wollen. Deshalb werden sie das ihnen anvertraute Kapital verlieren. »Der Herr wollte, dass seine Diener sich nicht scheuen, das Wagnis einzugehen, mit seinem Geld zu spekulieren«, schreibt der Schriftsteller und Theologe Simon Tugwell.[64]

Ein Gleichnis, das für seine jüdische Zuhörerschaft zweifellos Stein des Anstoßes und eine rüde Provokation war, ist das des unehrlichen Verwalters. Es geht darin um einen Betrüger, der die Bücher fälschte, um sich Freunde zu schaffen. Und Jesus lobte diese kriminelle Handlung auch noch als kluges Vorgehen!

»Er sprach aber auch zu den Jüngern: Es war ein reicher Mann, der hatte einen Verwalter; der wurde bei ihm beschuldigt, er verschleudere ihm seinen Besitz. Und er ließ ihn rufen und sprach zu ihm: Was höre ich da von dir? Gib Rechenschaft über deine Verwaltung; denn du kannst hinfort nicht Verwalter sein. Der Verwalter sprach bei sich selbst: Was soll ich tun? Mein Herr nimmt mir das Amt; graben kann ich nicht, auch schäme ich mich zu betteln. Ich weiß, was ich tun will, damit sie mich in ihre Häuser aufnehmen, wenn ich von dem Amt abgesetzt werde. Und er rief zu sich die Schuldner seines Herrn, einen jeden für sich, und fragte den ersten: Wie viel bist du meinem Herrn schuldig? Er sprach: Hundert Eimer Öl. Und er sprach zu ihm: Nimm deinen Schuldschein, setz dich hin und schreib flugs fünfzig. Danach fragte er den zweiten: Du aber, wie viel bist du schuldig? Er sprach: Hundert Sack Weizen. Und er sprach zu ihm: Nimm deinen Schuldschein und schreib achtzig. Und der Herr lobte den ungetreuen Verwalter, weil er klug gehandelt hatte; denn die Kinder dieser Welt sind unter ihresgleichen klüger als die Kinder des Lichts.« (Lukas 16,1-8)

Der Verwalter wird nicht für seine Unehrlichkeit getadelt, sondern für seinen Scharfsinn gelobt. Jesus entschuldigt sein Verhalten nicht, doch er bewundert seine Initiative. Dieser Mann ließ nicht zu, dass eine Folge tragischer Umstände sein Leben zerstörte, sondern tat, was er tun musste – wie skrupellos auch immer –, um sich eine Überlebensmöglichkeit zu schaffen. Er gab sich keinen falschen Illusionen hin und nutzte die kurze Zeit, die ihm blieb.

Scharfsinnig kommentiert der Theologe John Shea:

»Der untreue Verwalter, der, als er hört, dass er seine Stellung verlieren würde, die Abrechnung seines Herrn fälscht, um sein Überleben zu sichern, wird gerade deshalb gelobt, weil er handelt. Hier geht es nicht um die Frage der Moral, sondern um die der Trägheit. Hier ist ein Mann, der sich in einer Krise befindet und der, anstatt sich in Selbstmitleid zu ergehen, konstruktiv sein Schicksal in die Hand nimmt. Die Gäste, die der Einladung zum königlichen Hochzeitsmahl nicht Folge leisten, werden verworfen und andere Gäste werden geladen. Sofort und ohne Aufschub zu reagieren, das ist im Sinne des Königreichs. Eine Lebenskrise ist eine Einladung zur Entscheidung und zum Handeln.«[65]

Die Tendenz, Entscheidungen aufzuschieben, ist so weit verbreitet, dass man sie als natürlichen Wesenszug von uns Menschen bezeichnen könnte. Wir zögern die Entscheidung hinaus (was an sich ja schon eine Entscheidung ist), in der Hoffnung, dass Jesus des Wartens müde und die drängende innere Stimme heiser werde. Der Aufruf der Gleichnisse wird in einem Stadium verschwommener Ängste stecken bleiben, so lange wir uns weder für noch gegen die neue Lebensdimension entscheiden, die sich uns öffnet. Endloses Hinausschieben schafft mehr Probleme als es löst und beschwört von neuem das Schreckgespenst des Selbsthasses herauf.

Zögern bedeutet auf unbestimmte Zeit ein Stillstand des Wachstums – wir stagnieren. Und in diesem Zustand der Lähmung verkümmert der menschliche Geist. Das Bewusstsein unseres Widerstandes gegen die Gnade und dagegen, unsere wahre Bestimmung zu finden, führt zu einem enormen inneren Druck. Wir empfinden unser Leben als zerrissen, sprunghaft, rastlos und aus dem Gleichgewicht geraten. Der Wurm krümmt sich, wenn er getreten wird. Die scheinbare Sicherheit weicht, an einem vertrauten Ort verankert zu sein. Heimlich sehnen wir uns nach Selbst-Transzendenz, nach einer gütigen höheren Macht, die uns aus den Fesseln unseres Daseins befreit. Wir sitzen zwischen Geröll und hartem Felsgestein, unfähig, uns zu rühren.

Wie können wir dieses Dilemma lösen? Wir können es nicht. »Vielleicht ist das Beste, was wir dazu sagen können: Unsere Schwachheit und unser Unvermögen werden uns empfänglich machen für die Gnade Gottes. Wir können uns aber auch willentlich dem wunderbaren Erscheinen der Gnade öffnen und uns vorbereiten, fruchtbarer Boden zu sein.«[66] Es gibt keine magischen Worte, bestimmten Formulierungen oder esoterische Übergangsriten, um sich dieser Gnade zu öffnen. Allein Jesus Christus kann uns aus lähmender Unentschlossenheit befreien. In der Bibel finden wir keine andere Basis für diesen Prozess der Veränderung als die Kraft des Herrn.

Wie jeder gute Lehrer bedient sich Jesus häufiger Wiederholungen. Er wird nicht müde, von der Herrlichkeit des Lebens im Reich Gottes zu sprechen und von der unvergleichlichen Freude der Gottesherrschaft:

»Das Himmelreich gleicht einem Schatz, verborgen im Acker, den ein Mensch fand und verbarg; und in seiner Freude ging er hin und verkaufte alles, was er hatte, und kaufte den Acker. Wiederum gleicht das Himmelreich einem Kaufmann, der gute Perlen suchte, und als er eine kostbare Perle fand, ging er hin und verkaufte alles, was er hatte, und kaufte sie« (Matthäus 13,44-46).

Nach Joachim Jeremias geht es in diesen beiden Gleichnissen weder um den Preis der Nachfolge noch um einen herzlosen Aufruf zu heroischen Taten. Es geht vielmehr unmissverständlich um zwei elementare Themen: um die Freude und um die Begeisterung darüber, das Königreich Gottes entdeckt zu haben. Wenn Sie morgen die Nachricht erhielten, Sie hätten einen Millionenbetrag im Lotto gewonnen, dann würden Sie sich wohl kaum über die grausamen Schicksalsschläge des Lebens beklagen. Die einzige natürliche Reaktion wäre überschäumende Begeisterung, Freudentaumel und die Aussicht auf ein ganz neues Leben. Genauso freuen sich der Schatzsucher und der Perlen-Finder über ihren glücklichen Fund.

Wir wissen jedoch aus eigener Erfahrung, dass unser Leben als Christen nicht aus gefühlvollen Schwärmereien besteht. Selten genug gibt es die besonderen Augenblicke überschäumender Begeisterung und des Freudentaumels. Dem Erzähler der Gleichnisse öffnen wir uns oft nur zögernd und bestenfalls halbherzig. Die Welt ist voller Frevel und Ungerechtigkeit, und die Macht der Sünde in uns bewirkt, dass wir dazu neigen, uns Gott nur widerstrebend zu nähern. Das Ego stirbt einen langsamen Tod; denn der Widerstand gegenüber dem Heiligen Geist ist und bleibt eine Realität. Die Bereitschaft alles loszulassen, kommt nicht plötzlich und mit magischem Knall, sondern ist ein schmerzhafter Prozess. »Wir neigen dazu, uns die Bekehrung, den Ruf in die Barmherzigkeit Jesu, als ›Oh, welch Freude‹-Phänomen vorzustellen«, schreibt Scott Peck. »Meiner Erfahrung nach (...) wird daraus im Augenblick der Bekehrung eher ein ›Oh danke, Herr‹ oder ein ›Oh Herr, ich bin deiner nicht wert‹ oder ein ›O nein, muss ich mich wirklich ändern?‹« [67]

Doch wie oft hörten wir Sätze wie diesen: »Als ich mich für Jesus entschied, fand ich endlich Frieden!« Auch Jesus widersprach seinem Vater, entzog sich ihm von Zeit zu Zeit, stellte ihn in Frage, doch er blieb ihm letztendlich immer treu. Er sieht in das menschliche Herz und versteht unser lähmendes Unbehagen und die Gefühle des Selbsthasses, die mit unserem Zögern einhergehen. Durch das wiederholte Erzählen der Gleichnisse, die zum Handeln aufrufen, will er uns helfen, unsere Unentschlossenheit zu überwinden.

Was diese Gleichnisse aussagen, möchte ich durch ein Beispiel aus meinem eigenen Leben illustrieren:

Ich kannte einmal einen Anwalt namens Christopher aus Jericho, Long Island. Als er das Angebot erhielt, bei einer erfolgreichen Kanzlei in Jerusalem im Staat Pennsylvania einzusteigen, nahm er es ohne Zögern an, auch wenn es für die Familie mit verschiedenen Umständen verbunden war. Die beiden älteren Kinder besuchten die High-School und der Jüngste ging in die dritte Klasse. Doch die Vorteile des beruflichen Aufstiegs, höheren Einkommens und der geringeren Lebenshaltungskosten schienen zu überwiegen. Zudem, dachte Christopher, sei dies die Chance zu einem echten Neubeginn, den er so dringend brauchte.

Seine Trinkgewohnheiten hatten beängstigende Ausmaße angenommen, und ihm war bewusst, dass Vergesslichkeit, morgendliche Aufputschmittel und das Trinken im Verborgenen langsam, beinahe unmerklich, zu festen Bestandteilen seines Lebens geworden waren. Zahlreiche Nächte hatte er im Büro auf dem Sofa verbracht, nachdem er sich, wie er es ironisch nannte, »einen kleinen Drink« genehmigt hatte – eine ganze Flasche Scotch. Seine Wutausbrüche gegenüber seiner Sekretärin waren unverzeihlich. Auch dessen war er sich bewusst. Das Schlimmste jedoch war der Schmerz in Katies Augen. Er wusste, dass seine Frau ihn liebte, doch seit er erfahren hatte, dass sie bei einem Gruppentreffen der Anonymen Alkoholiker gewesen war, war er misstrauisch geworden.

Der Ortswechsel nach Jerusalem sollte also ein Neuanfang auf der ganzen Linie sein. Hatte nicht Jesus in der biblischen Stadt mit dem gleichen Namen bedeutungsvolle Dinge getan?

Christopher wusste noch nicht, dass ihm in Jerusalem der geistliche Tod beschieden war.

Nach dem Umzug hörte er von einem Tag auf den anderen mit dem Trinken auf, mit allen damit verbundenen Entzugserscheinungen – Übelkeit und Erbrechen, Durchfall, Halluzinationen, Gliederzucken und Schüttelkrämpfen. Katie rettete ihm in jener Nacht das Leben. Sie unterstützte ihren Mann durchzuhalten, und mit großer Willenskraft schaffte er es, sechs Wochen lang trocken zu bleiben – zweiundvierzig volle Tage.

Dann brach die Katastrophe herein: Sein Geschäftspartner verschwand bei Nacht und Nebel, mitsamt allen Geldern, Dokumenten und Aktien und stürzte die Firma in den Bankrott. Christopher suchte Zuflucht bei einem doppelten Scotch. Augenblicklich geriet er von neuem in den Sog der unbarmherzigen Macht des Alkohols.

Die nächsten zwei Monate waren die reine Hölle. Die Kinder zogen sich zurück, Katie weinte sich in den Schlaf, und Christopher trank regelmäßig bis zur Bewusstlosigkeit. Er war völlig am Ende. Jerusalem war erfüllt von Heulen und Zähneklappern.

Es war an einem Mittwochmorgen, als Katie sagte: »Chris, vergiss nicht deine Verabredung heute Mittag.« Er schaute von seiner Zeitung auf: »Welche Verabredung?«

»Weißt du nicht mehr, dass du gestern die Anonymen Alko-holiker angerufen und um Hilfe gebeten hast?«

»Was soll ich getan haben?«, brauste er auf. »Ich habe keine Ahnung, wovon du redest!« Er erinnerte sich zwar noch ver-schwommen an die Abendnachrichten, aber danach ...

In dem Augenblick klingelte es. Katie öffnete die Haustür.

»Hallo«, sagte der Besucher »Ich bin Harvey von AA. Ihr Mann hat gestern bei uns angerufen.«

Chris flüchtete in die Küche, doch seine Frau ließ nicht lo-cker. »Liebling, du hast nichts zu verlieren. Sprich mit dem Mann!«

Widerstrebend setzte sich Christopher mit Harvey ins Wohn-zimmer, nicht ohne sich zuvor noch eine Dose Bier aus dem Kühlschrank zu holen. »Ja? Worüber möchten Sie mit mir re-den?«, fragte er mit frostigem Lächeln.

»Wenn Sie diese Dose wegstellen, würde ich gern mit Ihnen darüber reden, wie Sie Ihrem Leben eine neue Richtung geben könnten.«

Für die nächsten zwei Stunden hörte Christopher schwei-gend zu, wie Harvey seine Lebensgeschichte erzählte – von sei-ner Zeit als Alkoholiker, wie er es schaffte, trocken zu werden, und von seinem heutigen Leben. Zerknirscht musste er sich ein-gestehen, dass Harveys Geschichte in vieler Hinsicht seiner ei-genen glich. Schließlich sagte er: »Danke, Harvey. Ich verstehe, was Sie sagen wollten. Meine Frau hat Recht: Ich habe zu tief ins Glas geschaut und Gottes Gaben mit Füßen getreten. Ab heute werde ich meinen Alkoholkonsum einschränken.« Damit beendete er das Gespräch und geleitete Harvey zur Tür, wobei er sich vornahm, bis acht Uhr abends nichts mehr zu trinken.

Als er abends langsam und genüsslich an seinem lang ersehn-ten Scotch nippte, wurde er unfreiwillig Zeuge eines Gesprächs von seiner Frau und seinem achtjährigen Sohn im Zimmer nebenan. »Vince, warum bringst du keine Freunde mehr mit nach Hause? Ihr könntet so schön in unserem Pool baden.«

Der Junge zögerte. »Na ja«, sagte er dann, »vielleicht weil ich Angst habe, dass Papa wieder betrunken ist. Und ich will nicht, dass sie ihn so sehen.«

Diese Worte trafen Christophers Herz wie Messerstiche. Dass sein eigener Sohn so von ihm dachte, ließ die Tränen aus seinen Augen hervorschießen. Sein Glas zerschellte krachend auf dem Fußboden. »Herrgott noch mal, was habe ich getan?«, schluchzte er, »Jesus, hilf mir, ich habe alles falsch gemacht!«

Dies war der Wendepunkt für Christopher und der Beginn eines ganz neuen Lebens.

So begegnet uns Jesus in Menschen wie Harvey, die er uns über den Weg schickt. Er begegnet uns auf unserer Talfahrt in die Selbstzerstörung und ruft uns aus der Verzweiflung zur Hoffnung, aus der Knechtschaft zur Freiheit und führt uns aus den Ruinen unseres Lebens in eine neue, helle Wirklichkeit. Seine Gleichnisse sind ein Geschenk. Sie erschüttern uns in unserer Selbstgefälligkeit, zeigen Möglichkeiten auf, von denen wir nie zu träumen wagten, und verheißen uns Leben – Leben in seiner ganzen Fülle. Die Aussagekraft seiner Erzählungen lässt alle Theologie wie trockene Abstraktion und düstere Strafpredigten erscheinen, lähmend und erdrückend wie ein päpstliches Rundschreiben.

In unserer nüchternen Welt voller Zynismus und Enttäuschungen fragen wir uns vielleicht: Ist das Versprechen eines neuen Lebens nicht bloß eine schöne Illusion, eine Wunschvorstellung, ein Trugbild unserer Fantasie? Keineswegs. Hier geht es um eine wichtige Unterscheidung: Eine Illusion ist ein Leugnen der Realität, während unsere Vorstellungskraft eine neue Realität entstehen lässt, eine neue Ära ins Leben ruft, die noch nicht angebrochen ist.

Kapitel 5

# Befreiung durch Gebet

Gebet ist in erster Linie ein Akt der Liebe. Stärker als alle prag-
matischen, funktionellen oder altruistischen Motive ist dabei
der Wunsch, Jesus nahe zu sein. Denn er führt uns mit unver-
gleichlicher Weisheit und durch seine Herrlichkeit, Güte und
bedingungslose Liebe in die Stille unseres Herzens – dorthin,
wo er wohnt. Jemanden wirklich zu lieben, bedeutet, sich nach
der Nähe des Geliebten zu sehnen, nach inniger Gemeinschaft
mit ihm.

Wollte man definieren, was ein Heiliger ist, so könnte man
dies auf einen einfachen Nenner bringen: Ein Mensch, der Gott
und seine Mitmenschen ganz besonders liebt. Wenn jemand
von der katholischen Kirche heilig gesprochen wird, prüft man
als Erstes, ob der Kandidat ein außergewöhnliches Gebetsleben
hat. Obwohl das Verfahren der Heiligsprechung in der letzten
Zeit auf nie da gewesene Weise zum Politikum gemacht wurde[68], spielt das Gebet dabei weiterhin eine zentrale Rolle. Eine
Heiligsprechung wird abgelehnt und der Kandidat für ungeeig-
net erklärt – ungeachtet seiner Wunderheilungen, charismatischen Gaben oder nationalen und internationalen missionari-
schen Verdienste –, wenn er das Kriterium der außerordent-
lichen Liebe zu Gott nicht erfüllt, die darin sichtbar wird, dass
sein Leben von Lobpreis und Gebet bestimmt wird.

Jesus betete in erster Linie deshalb, weil er seinen Vater liebte. Lobpreis, Anbetung, Dank und Fürbitte entsprangen seinem
tiefen Bewusstsein der Verbundenheit mit dem transzendenten
Gott, Jahwe Sabaoth, in der vertrauten Beziehung als Sohn. Seine persönliche Erfahrung Gottes als liebenden Vater formte

nicht nur sein Selbstverständnis, sondern führte zu einer überaus innigen Gemeinschaft mit Gott im Gebet. Kindliche Offenheit, grenzenloses Vertrauen, ungezwungene Vertrautheit, tiefe Ehrfurcht, freudige Abhängigkeit, unermüdlicher Gehorsam, unmissverständliche Liebe und ein natürlicher Sinn der Dazugehörigkeit – all das charakterisiert das Gebet Jesu.

Der Trappistenmönch Basil Pennington erfasst diese Schlichtheit, wenn er schreibt:

»Einem Vater wird es warm ums Herz, wenn sein Kind seine Spielsachen liegen und seine Freunde stehen lässt, zu ihm gerannt kommt und auf seinen Schoß klettert. Wenn sich das Kind dann in seine Arme schmiegt, ist es dem Vater einerlei, ob es seinen Blick durchs Zimmer wandern lässt oder sich ganz auf den Vater konzentriert oder auf seinem Schoß einschläft. Das Wesentliche ist, dass das Kind bei ihm sein möchte, in der Gewissheit der Liebe, Fürsorge und Sicherheit, die es in den Armen des Vaters findet. Im Gebet begeben wir uns in die Arme unseres himmlischen Vaters, in seine liebenden Hände. Unsere Gedanken mögen hierhin und dorthin wandern, vielleicht schlafen wir sogar ein; doch in diesem Augenblick zählt allein unsere Entscheidung, in inniger Nähe beim Vater zu verweilen, uns ihm ganz hinzugeben, seine Liebe und Fürsorge zu empfangen; und er wird seine Freude an uns haben. Dies ist Gebet in seiner einfachsten, reinsten Form. Es ist das Gebet eines Kindes. Es ist das Gebet, das uns sämtliche Freuden des Königreiches erschließt.«[69]

Durch Wasser und Geist sind wir Christen mit unserem Bruder Jesus verbunden und gehören forthin zur Familie Gottes als Söhne und Töchter des neuen Bundes und bekommen den direkten Zugang zum Schoß des Vaters geschenkt. »Gelobt sei Gott, der Vater unseres Herrn Jesus Christus (...) Denn in ihm hat er uns erwählt, ehe der Welt Grund gelegt war, dass wir heilig und untadelig vor ihm sein sollten; in seiner Liebe hat er uns dazu vorherbestimmt, seine Kinder zu sein durch Jesus Christus nach dem Wohlgefallen seines Willens« (Epheser 1,3-5).

Das Problem dabei ist: Entweder wissen wir es nicht oder wir wissen es zwar, sehen es aber als unverbindlich an; oder wir sehen es als verbindlich an, doch es berührt uns nicht; oder es berührt uns, allerdings ohne irgendeine Auswirkung auf unser Leben zu haben.

Ich habe das Thema Selbsthass nicht gewählt, weil es mir genügend Stoff lieferte, um noch ein weiteres Buch zu schreiben. In meinem Dienst als Seelsorger begegnete mir dieses geistliche Leiden wieder und wieder. Lähmender Selbsthass, der das geistliche Wachstum hemmt, scheint die vorherrschende Krankheit unter Christen zu sein. Freunde, die im Bereich der Psychiatrie und Psychologie tätig sind, berichteten mir von einer zunehmenden Zahl von Klienten, die von Gefühlen großer Schuld, Schande, Reue und Selbstverachtung gequält werden.

Der schwermütige Geist in Tschechows Dramen – deren Hauptthemen Lebensangst und seelisches Leid sind – plagt häufig das Gewissen: Die Diskrepanz zwischen unserem idealen und unserem wirklichen Selbst; das Schreckgespenst der Vertrauensbrüche oder Seitensprünge der Vergangenheit; das Bewusstsein, nicht zu leben, was wir glauben und nicht zu sein, was wir sein sollten. Wir leiden darunter, dass unser Verhalten und unser Lebensstil nicht dem entsprechen, was von uns erwartet wird; wir beugen uns dem erbarmungslosen Druck des Konformismus und sind in der Lebensmitte enttäuscht, dass sich unsere Hoffnungen nicht erfüllt haben. Wir sind fixiert auf persönliche Fehler wie Unehrlichkeit und Selbstbezogenheit und sehen mit Trauer und Entsetzen, wie ein hoffnungsvolles Pilgervolk in eine mutlose Gruppe Reisender, bestehend aus grüblerischen Hamlets, ängstlichen Rullers und zerstörten Willy Lomans verwandelt wird. Alkoholismus und eine steigende Anzahl von Workaholics und Suchtkranken jeglicher Art sowie eine alarmierende Selbstmordrate zeigen, welche Ausmaße das Problem angenommen hat.

In unserem Kampf gegen den Selbsthass dürfen wir die Augen nicht vor unbequemen Tatsachen verschließen. Wir empfinden es als unerträglich, wenn nicht unzumutbar, uns mit unserem wahren Selbst auseinander zu setzen und fliehen daher wie entlaufene Sklaven vor unserer eigenen Realität oder basteln uns ein falsches Selbst zusammen: im Großen und Ganzen bewundernswert, anziehend und, oberflächlich betrachtet, glücklich. Abwehrmechanismen werden hier zu nützlichen Verbündeten – eine unbewusste Taktik, die unsere Wahrnehmung der Realität verzerrt und uns vor Angst, Leid und Verlust schützt. Im Nebelschleier der Rationalisierung, Projektion, Verschiebung, Isolierung, Intellektualisierung und Verallgemeinerung drehen wir uns weiter auf dem Karussell der Verleugnung und Verlogenheit. Wer einmal in diesem Kreislauf gefangen war, kennt die unzähligen Masken, mit denen wir versuchen, die Angst zu verbergen.

Der bekannte Autor Henri Nouwen schrieb:

»Es gibt so viel Angst in uns. Angst vor Menschen, Angst vor Gott und viele ursprüngliche, unbestimmte Ängste, die nicht greifbar sind. Ich frage mich, ob nicht die Angst unser größtes Hindernis beim Beten ist. Wenn wir in die Gegenwart Gottes treten und spüren, wie riesig das Angstpotenzial in uns ist, dann möchten wir am liebsten weglaufen und uns in die vielen Zerstreuungen flüchten, die unsere schnelllebige Welt uns in Hülle und Fülle bietet. Doch wir brauchen unsere Ängste nicht zu fürchten. Wir können ihnen gegenübertreten, sie in Worte kleiden und sie Jesus bringen, der sagt: ›Fürchtet euch nicht.‹ Wie gern zeigen wir dem Herrn nur die Seiten unseres Lebens, mit denen wir zufrieden sind. Doch je mehr wir es wagen, ihm unser ganzes banges, zitterndes Selbst zu enthüllen, desto mehr werden wir spüren können, dass seine Liebe – die vollkommene Liebe – alle unsere Ängste austreibt.«[70]

Beten heißt »zu uns selbst zurückkehren«, dorthin, wo Gott wohnt. Dazu gehört, dass wir uns zu unserer Sündhaftigkeit und Armut vor Gott bekennen und uns eingestehen, dass wir ohne ihn nichts tun können. Erst als der Verlorene Sohn zu sich selbst zurückkehrte und eine Bestandsaufnahme seiner Misere machte, fand er den Weg nach Hause zu seinem Vater. »Einer der Gründe, weshalb uns das Meditieren so schwer fällt«, schrieb Thomas Merton in einem seiner späten Werke, »ist vielleicht unsere Unfähigkeit, wirklich und ernsthaft zum Zentrum unserer eigenen Nichtigkeit vor Gott zurückzukehren. Folglich dringen wir nie ganz zum Kern unserer Beziehung zu ihm vor.«[71]

Gott hört unsere Hilfeschreie. Wenn wir Waffenstillstand mit dem Selbsthass schließen und mit offenen Armen annehmen können, wer wir wirklich sind, dann beginnt der Prozess der Befreiung. Aber wie oft fürchten wir uns, den ersten Schritt zu tun – aus Angst, zurückgewiesen zu werden. Wir fühlen uns wie Quasimodo, der Glöckner von Notre Dame, und überdecken unser Elend und die vermeintliche Hässlichkeit mit geistlichem Make-up, bevor wir uns Gott unter die Augen wagen. Dies entspricht nicht unserem wahren Selbst. Authentisches Gebet fordert schonungslose Ehrlichkeit. Dazu gehört auch, dass wir aus unserem sicheren Versteck herauskommen und dass wir aufhören, andere beeindrucken zu wollen und uns die Sündhaftigkeit unserer Situation sowie unsere absolute Abhängigkeit von Gott eingestehen. Es ist ein Augenblick der Wahrheit, wenn wir uns in einem instinktiven Akt der Demut verwundbar machen und unsere Maske fallen lassen.

Eine derartige Öffnung für eine neue Bewusstseinsebene wurde in psychiatrischen Kliniken bei stummen Patienten beobachtet, die in ihrer letzten Stunde plötzlich mit leidenschaftlicher Überzeugung über ihr Leben zu sprechen begannen. Die Aussicht auf den bevorstehenden Tod lockerte ihre Zungen in dem Bewusstsein, dass sie nun, da sie schon so viel verloren hatten durch Unterdrückung der Gefühle und durch ihr Schweigen, nichts mehr zu verlieren hatten.

Jesus sagt: »Selig sind, die da geistlich arm sind ...« (Matthäus 5,3). Wir brauchen das Bewusstsein unserer geistlichen Armut. Wie schwierig ist es zu ertragen, dass ich schwer zu ertragen bin; darauf zu verzichten, mich zu rechtfertigen und die absurde Vorstellung aufzugeben, es sei meinen armseligen Gebeten, geistlichen Einsichten, Kenntnissen der Schrift und lautstark verkündeten Erfolgen in meinem Dienst zuzuschreiben, dass Gott sein Wohlgefallen an mir hat. Er liebt mich nicht, weil ich in der Vergangenheit durch besondere Leistungen geglänzt habe. Ich bin deshalb liebenswert, weil Gott mich liebt. Punkt. Der erste Schritt zur Befreiung von Selbsthass ist, aus dem dunklen Verlies der Selbsttäuschung in das helle Licht der Wahrheit Gottes zu gehen.

»Wir müssen die Kunst des Schwachseins lernen«, schreibt Simon Tugwell, »die Kunst der Erfolglosigkeit, die Kunst, mit dem Wissen um unsere eigene Armut und Hilflosigkeit fertig zu werden, ohne zu versuchen, uns in etwas zu flüchten, das wir leichter annehmen können. Und wir dürfen nie vergessen, dass Gott uns selbst in dieser Armut und Hilflosigkeit mit liebenden Augen ansieht und uns bejaht, mögen auch in seiner Stimme Traurigkeit oder Tadel mitschwingen. Gott würde uns nie auffordern: ›Ich möchte, dass du dich änderst‹, ohne auch gleichzeitig zu sagen: ›Ich liebe dich so, wie du bist.‹«[72]

Tief in mir höre ich eine Stimme, die mich unermüdlich und beharrlich drängt, zur Ur-Wahrheit der bedingungslosen Liebe Jesu zurückzukehren. Seine Frohe Botschaft ist an unser wahres, ehrliches Selbst gerichtet, ganz gleich, ob wir zu diesem Selbst stehen oder nicht. Doch es sind die lähmenden Auswirkungen unserer Sünden, die verantwortlich sind für den massiven Widerstand, uns dieser Liebe zu öffnen. Ein getrübter Intellekt, ein geschwächter Wille und eine Palette abgestumpfter Gefühle bilden den steinigen Boden, auf den das Wort Gottes fällt.

In seiner jahrelangen Praxis als Psychiater gelangte M. Scott Peck zu der Einsicht, dass die Erbsünde existiert und definierte sie durch einen einzigen Begriff – Trägheit.[73] Anstatt eine Freude zu sein, wird Gebet zur lästigen Pflichtübung. Wir quälen uns morgens zur Stillen Zeit aus dem Bett, schleppen uns zum Gottesdienst mit der sakramentalen Depression Schwerkranker, atmen auf, wenn der Pastor uns mit einem »Gehet hin in Frieden« entlässt, und ertragen die Langeweile einer Gebetsnacht mit stoischer Resignation, in dem Wissen, dass »auch das vorübergeht«. Der Feind, der sich auf heimtückische Verstellung spezialisiert hat, ist der träge Anteil unseres Selbst, der sich der Anstrengung, Askese und Disziplin widersetzt, die notwendig sind, um ein ernsthaftes Gebetsleben zu führen. Die falsche Logik eines getrübten Verstandes lässt zweifelhafte Rationalisierungen zu, wie etwa »Ich habe keine Zeit«, »Meine Arbeit ist mein Gebet« oder »Ich bete nur, wenn ich eine Eingebung des Heiligen Geistes spüre«. Solche lahmen Entschuldigungen erlauben uns, in unserer Trägheit den Status Quo beizubehalten und die Begegnung mit der bedingungslosen Liebe Gottes auf unbestimmte Zeit hinauszuschieben.

Darüber hinaus übertragen wir den *quid pro quo*-Charakter menschlicher Liebe, mit seinen unvermeidlichen Ernüchterungen und Enttäuschungen, unbewusst auch auf die göttliche Liebe und berauben uns so um ein tieferes Eindringen in das Geheimnis seines Wesens. Die gelebte Erfahrung einer Liebe, die keine Gegenleistung fordert, einer Liebe, die grenzenlos, uneingeschränkt und unbegrenzt belastbar ist, gehört zu den seltensten Dingen im Leben, selbst bei Paaren in den Flitterwochen.

Doch was hindert uns daran?

Hier kommt wieder die Trägheit ins Spiel, in Gestalt der Angst vor dem Kampf und der Mühe, die zum geistlichen Wachstum gehören. Gott liebt mich, so wie ich bin, doch wird er mich in diesem Zustand bleiben lassen? Wohin wird sein Weg mich führen? Die Furcht vor der Reise ins Unbekannte, das unbequeme Wissen, dass wir Gott nicht manipulieren können, dass wir von ihm keine Nachsicht verlangen können, wenn er Umkehr fordert, dass das Annehmen der bedingungslosen Liebe zur Folge hat, dass auch wir lernen, ohne Vorbehalte zu lieben – solche Stolpersteine hindern uns, die verlorenen Söhne, zu uns selbst zurückzukehren. Und wir können sie beim Namen nennen: Trägheit und Furcht.

Wer weiß, was es bedeutet, Alkoholiker zu sein, dem sind die Fallstricke des Selbstbetrugs nicht fremd. Der wird sich vorsichtig durch das Minenfeld der Verlogenheit und Falschheit stehlen, in dem Bewusstsein, dass sein Leben eine Gratwanderung ist. Niemand hat es je geschafft, durch Theoretisieren nüchtern zu werden (ich jedenfalls nicht), genauso wie es unmöglich ist, durch Theoretisieren Beten zu lernen. Wer einsieht, dass er ein Problem hat, der hat es damit noch lange nicht gelöst. Auf das Handeln kommt es an. Genauso lernen wir Beten nur durch die Praxis – das Gebet.

Zweimal täglich zwanzig Minuten Zwiesprache mit Gott zu halten, morgens und abends, den Blick auf ein Kruzifix gerichtet, ist für mich die beste Übung, um mich dem lebendigen Gott zu nähern und mich für seine befreiende Liebe zu öffnen.

Warum das Symbol des gekreuzigten Christus? Weil es ein Symbol des größten Liebesbeweises in der Geschichte der Menschheit ist. Leider wurde im Lauf der Kirchengeschichte das Leiden Gottes auf Golgatha zunehmend ins Kitschige verkehrt. Christliche Künstler haben die Passion Christi banalisiert und unaussprechliches Leiden zu stilvollem Schmuckwerk verarbeitet. Die Kreuzigung Christi – ein Riesenskandal, in unseren christlichen Gottesdiensten sentimentalisiert und zu einem religiösen Schauspiel herabgewürdigt. Wir haben unseren Sinn für die Realität verloren. Fromme Vorstellungen, gefühlsbetonte Predigten und leblose oder die leise Stimme Gottes übertönende Anbetung verzerren das Bild des wahren Jesus. Wir Christen sollten erzittern und die ganze Gemeinde sollte erbeben, wenn wir am Karfreitag über das Kreuz nachsinnen. Eine strikten Regeln unterworfene Religion hat den gekreuzigten Herrn der Herrlichkeit domestiziert und zu einem blassen theologischen Symbol gemacht. Dieser Christus wird unsere behagliche Frömmigkeit nicht stören. Dennoch richten sämtliche Häretiker, Terroristen und großspurigen, egozentrischen Prediger zusammen weniger Aufruhr an als der Gekreuzigte, wenn er anstatt ein bloßes Symbol zu bleiben, lebendig wird und uns dem Feuer zuführen wird, das anzuzünden er gekommen war.[74]

Beim Beten mit Blick auf das Kreuz entlarvt der gläubige Christ Skeptizismus als akademisches Gehabe, Zynismus als Kleinmütigkeit und Gleichgültigkeit als regelrechtes Misstrauen. Der gekreuzigte und auferstandene Christus ist kein Abstraktum, sondern die endgültige Antwort darauf, wie weit Gottes Liebe geht, wie viel Zurückweisung sie ertragen und wie viel Untreue, Selbstsucht und Verrat sie erdulden kann. Die bedingungslose Liebe Jesu Christi, ans Kreuz genagelt, schreckt nicht vor der Grausamkeit und Pervertiertheit des schlimmsten Sünders zurück. »Er hat unsre Schwachheit auf sich genommen, und unsre Krankheit hat er getragen« (Matthäus 8,17).

Der Christus, den wir Christen anbeten, ist der Auferstandene, der noch immer die Nägelmale des Mensch gewordenen Jesus trägt, ohne die er nicht der Nazarener wäre. Ernst Käsemann nimmt kein Blatt vor den Mund, wenn er schreibt, dass Christus von den Christen heutzutage vor allem deshalb verleugnet wird, weil seine Herrschaft über ihre wohl geordnete Religion und dogmatische Überzeugungen illusorisch, theoretisch und imaginär geworden ist. Doch das Merkmal seiner Herrschaft, das sich auch von der Herrschaft anderer Religionsgründer unterscheidet, ist zweifellos und einzig und allein das Kreuz.[75]

Unsere Nähe zu Christus im Gebet kann allein nichts bewirken, doch sie schafft eine Situation, in der er durch seinen Heiligen Geist zu uns sprechen kann, wenn er dies will, in der er unsere

Gedanken mit seiner Weisheit erfüllen und uns von unserem Selbsthass befreien kann, wenn er die Zeit für gekommen hält.

Ich möchte Ihnen von einer praktischen Übung berichten, die meiner Meinung nach für jeden von uns, der die Liebe Jesu Christi erfahren will, sehr hilfreich sein kann. Mein Lehrmeister darin war ein alter evangelikaler Pastor, der die Gabe zu besitzen schien, ein Mittler zu sein für Menschen, die Jesus kennen lernen wollten, und die Erfahrung des Auferstandenen transparent zu machen.

Wenn ich mich seiner Worte noch vollständig erinnere, so ging er dabei folgendermaßen vor:

Eines Tages kam eine Frau auf ihn zu und sagte: »Ich würde so gern die Gegenwart Christi erleben, seine Nähe wirklich spüren. Wieso gelingt mir dies nicht?« Der Pastor setzte sich mit ihr in ein ruhiges Zimmer, wo sie beide ihre Augen schlossen und ihre Köpfe zum Gebet neigten.

Nach dem Beten sagte er zu der Frau: »Jesus Christus, der auferstandene Herr, ist mitten unter uns. Er ist hier und jetzt bei uns. Glauben Sie das?«

Die Frau dachte einen Augenblick nach und antwortete dann: »Ja, das glaube ich.«

»Aber das ist nicht alles. Gehen Sie noch einen Schritt weiter und lassen Sie die Worte auf sich wirken: Jesus Christus, der auferstandene Herr, der hier und jetzt gegenwärtig ist, liebt Sie und nimmt Sie so an, wie Sie sind. Sie brauchen sich nicht erst zu ändern, um seine Liebe zu gewinnen. Sie brauchen nicht erst ein besserer Mensch zu werden und sämtliche Sünden abzulegen. Es ist zwar sein Wille, dass Sie sich bessern und sich von Ihren Sünden lossagen, aber Sie brauchen dies nicht schon im Voraus zu tun. Denn er liebt Sie bereits – so, wie Sie sind. Sie brauchen sich seine Liebe nicht zu verdienen. Er nimmt Sie bedingungslos an, selbst bevor Sie sich entschließen, sich zu ändern – ja, selbst dann, wenn Sie sich nicht ändern wollen ... Glauben Sie das? Denken Sie in Ruhe darüber nach.«

Wieder verging einige Zeit, in der die Frau nachdenklich schwieg. Nach einer Weile sagte sie: »Ja, das glaube ich auch.«

»Gut«, sagte der Pastor, »und nun sagen Sie etwas zu Jesus. Sprechen Sie laut mit ihm.«

Die Frau begann, laut zu beten. Es dauerte nicht lange, bis sie ergriffen die Hand des Pastors drückte und sagte: »Jetzt weiß ich, was es bedeutet, Jesus wirklich zu erfahren. Er ist hier! Ich kann seine Gegenwart spüren.«

Bloße Einbildung? Oder hatte dieser Pastor ein besonderes Charisma? Vielleicht. Doch ich bin überzeugt, dass diese Methode – ob sie nun immer und bei jedem Menschen geeignet ist oder nicht – sowohl geistlich als auch theologisch korrekt ist und für uns selbst eine gute Übung sein kann, um uns die Augen zu öffnen für die unendlichen Schätze der Liebe Christi. Probieren Sie es einmal selbst aus:

Rufen Sie sich ins Gedächtnis, dass der auferstandene Herr bei Ihnen ist. Sagen Sie ihm, dass Sie an seine Gegenwart glauben.

Denken Sie darüber nach, was es bedeutet, dass er Sie liebt und annimmt, so, wie Sie sind. Nehmen Sie sich Zeit im Alltag, um seine bedingungslose Liebe zu spüren, wenn er Sie ansieht mit seinem Blick, der voller Liebe und Demut ist.

Sprechen Sie mit Jesus – oder kommunizieren Sie schweigend mit ihm, im Einklang mit seiner Liebe, die keiner Worte bedarf.

Die tief verwurzelte Hervorhebung der Liebe Christi (was die geistlichen Väter der Antike »Hingabe an das Herz Jesu« nannten), die in der Vergangenheit so lebhaft war und heute immer mehr verkümmert, würde wieder aufleben, wenn die Menschen verstünden, dass es im Wesentlichen darum geht, Jesus Christus als die Fleisch gewordene Liebe anzunehmen, als die Offenbarung der bedingungslosen Liebe Gottes für uns. Wenn wir diese Wahrheit für uns annehmen können, werden wir erleben, wie unsere Gebete und unser Dienst auf ganz neue Weise Frucht bringen werden, die alle unsere Erwartungen übertrifft. So schreibt Anthony de Mello, der von vielen als geistliches Genie betrachtet wird: »Die große Wende in unserem Leben tritt nicht dann ein, wenn uns bewusst wird, dass wir Gott lieben, sondern wenn wir erkennen und von ganzem Herzen annehmen, dass Gott uns bedingungslos liebt.«[76]

Weder meine theologische Ausbildung, meine vierzig Jahre im seelsorgerlichen Dienst noch die schrecklichen Ereignisse des 11. September 2001 haben mich auf die Nachricht des drohenden Weltuntergangs vorbereitet, der, wie aus einigen verlässlichen Quellen hervorgeht, nahe bevorstehen soll. Obwohl Jesus selbst sagte, dass das Ende überraschend kommen wird und niemand, noch nicht einmal er, den Tag und die Stunde kenne (Matthäus 24,36), haben solche Visionäre keinerlei Zweifel, dass wir uns am Rande einer nuklearen Katastrophe befinden und das globale Dorf kurz vor dem Zusammenbruch steht und die Anschläge auf die Twin Towers ein Vorzeichen waren, dass es mit der Menschheit bald zu Ende sein wird.

Vielleicht haben diese Seher, bekleidet mit dem imaginären Mantel des unfehlbaren Weitblicks, tatsächlich Recht mit ihren apokalyptischen Prophezeiungen. Man kann die Krisen, Kriege und Katastrophen, mit denen unsere Generation konfrontiert wird, als Zeichen interpretieren, dass Gott mit seinem letzten und endgültigen Eingreifen nicht mehr lange warten, sondern mit furchtbarer Zerstörung und wunderbarem Triumph die Endzeit herbeiführen wird. Aber vielleicht irren sich die Endzeitpropheten gewaltig.

»Apokalyptische Visionen üben eine gewisse morbide Faszination auf die Menschen aus«, beobachtet James Mackey. »Sie halten sich gewöhnlich länger als die Umstände, die sie hervorgerufen haben, und es werden sich stets Gruppierungen finden, die ein offenes Ohr für Weltuntergangs-Prophezeiungen haben. Es wird immer Menschen geben, die Zeichen und Symbole allzu wörtlich nehmen, vor allem, was überzeichnet dargestellte Untergangsszenarien betrifft. Die Überbewertung gewisser Zeichen der Zeit beruht auf der Krankheit des menschlichen Geistes, nicht auf einem inhärenten Fehler in der Apokalypse. Eine apokalyptische Hysterie wurzelt in der Schwäche menschlicher Nerven, in der Vorliebe des Hypochonders, die Schrecknisse unseres Zeitalters übertrieben darzustellen, und in der fieberhaften Suche des Feiglings nach einer Klausel, die ihm erlaubt, sich aus dem Vertrag der Menschheit mit ihrer Geschichte zu stehlen.«[77]

Ob nun die Endzeit unmittelbar bevorsteht oder nicht, die Herrschaft Jesu Christi geht weit über das kosmische Kontinuum hinaus. »Ich bin das A und das O, der Erste und der Letzte, der Anfang und das Ende« (Offenbarung 22,13). Echtes Gebet öffnet uns die Augen für diese Wahrheit und befreit uns von den Fesseln der Zeit. Das Wort Jesu fordert uns auf, unsere Verantwortung in der Welt von heute wahrzunehmen. Ob die Welt auch morgen noch bestehen wird, liegt in seinen Händen.

Das Neue Testament kennt nur den linearen Zeitbegriff. Die Schöpfung stellt den Anfang dar, Christi Tod und Auferstehung den entscheidenden Mittelpunkt und seine Wiederkunft das Ende. Dennoch bildet dieses letztere, zukünftige Ereignis nicht länger das Zentrum der Heilsgeschichte. Unabhängig von dem genauen Datum der Wiederkehr Christi leben wir bereits in der Endzeit oder, wie der viel zitierte Theologe Oscar Cullman es nannte, in dem »Ist-Zustand des Werdenden«.[78] Am Ostersonntag wurde die letzte Etappe der Heilsgeschichte feierlich eingeleitet.

Viele Historiker sehen die Schlacht von Iwo Jima als Wendepunkt des Zweiten Weltkrieges im Südpazifik. Dieser entscheidende Sieg, so nah am Zentrum des japanischen Mutterlandes, wurde im März 1945 erreicht. Dennoch ging der Krieg noch monatelang weiter bis zum VJ-Day (15.08. Sieg über Japan). Obwohl das Hissen des Sternenbanners auf Iwo Jima nicht von allen in seiner ganzen Tragweite verstanden wurde, besiegelte es letztendlich die Niederlage der Japaner.

Wer die geschichtlichen Ereignisse aus christlicher Sicht betrachtet, der weiß: Die Endzeit wird kommen, doch die Welt wird bereits von Christus regiert, denn er hat durch seine Auferstehung den Sieg errungen.

Wer von uns schaut nicht mehrmals am Tag auf die Uhr? Und wenn wir keine tragen, fragen wir jemanden nach der Zeit. Im Gebet flüstert Jesus in unser auf irdische Dinge ausgerichtetes Gewissen:

*Jetzt* ist die Zeit! Die »reale« Welt der Preisschilder, Designer-Jeans, Gucci-Handtaschen, des Monopoly-Geldes, der nuklearen Abschreckung, der Pelzmäntel, Perserteppiche, Seidenunterwäsche und Fußball-Länderspiele ist dem Tod unterworfen. Jetzt ist die Zeit des Innehaltens und Stillwerdens. Anstatt wie Lancelots Pferd in alle vier Himmelsrichtungen gleichzeitig zu galoppieren, sollt ihr euch auf das Wesentliche besinnen. Jetzt ist die Zeit, nach meinem Wort zu handeln und die Botschaft der Erlösung zu euren Mitmenschen zu tragen.

Ich möchte Ihnen dazu eine kleine Geschichte erzählen:

»Ein reicher Dummkopf hatte eine unerwartet ertragreiche Ernte und traf bereits Vorkehrungen für eine noch größere Ausbeute im folgenden Jahr. Er sagte zu sich selbst: ›Das hast du gut gemacht! Du hast hart gearbeitet und dir die reiche Ernte verdient – und dir obendrein ein kleines Polster für die Zukunft geschaffen. Und jetzt lass es dir gut gehen, iss tüchtig, trink nach Herzenslust und genieße das Leben!‹ Aber noch in jener Nacht machte Gott seine ganze falsche Sicherheit zunichte. ›Du Narr‹, sagte er zu dem Mann, ›noch in dieser Nacht wird man deine Seele von dir fordern. Und was deine Hamsterbestände betrifft – wer hat jetzt noch etwas davon?‹«

Beim Beten lehrt uns Jesus, unser Tempo zu verlangsamen. Er lehrt uns zu bedenken, wie kurz die Zeit ist, die uns noch bleibt. Er schenkt uns tiefe Weisheit und befreit uns von Leistungsdruck, Kurzsichtigkeit und der Zersetzung der Sprache. (Was Letzeres angeht, habe ich erlebt, dass das Gebet meinen Wortschatz von vielen langweiligen, nichts sagenden oder aufgeblähten und scheinbar so wichtigen Vokabeln gereinigt hat, wie etwa maximieren, Prioritäten setzen, interagieren, arrangieren, Schnittstelle, Input, Feedback und Fazit. Die Sprache Jesu kommt ohne leere, überstrapazierte Worte aus. In den Evangelien finden wir keine manipulierenden Wendungen oder abgedroschenen Phrasen, keinen Insider-Jargon für Fachidioten, keinen bedeutungsschweren Unsinn.)

Thomas Morus (Sir Thomas More), den der englische Dramatiker Robert Bolt in seinem Stück »Ein Mann zu jeder Jahreszeit« würdigt, ist mein Kandidat für den Schutzpatron des 21. Jahrhunderts. Sein wunderbarer Sinn für Humor entspringt seiner Vorstellung von der Flüchtigkeit der Zeit, einer klaren, vernünftigen Einschätzung des Todes und der Absurdität unserer vergänglichen Welt. Das Leben des Thomas Morus war fest in Jesus Christus verankert, dem Alpha und Omega, dem Herrn über alle Dinge im Himmel und auf Erden. In seinem Weltbild war sein Leben bereits unaufhaltsam zum Teil der Heilsgeschichte geworden. Keine Macht der Welt könnte die Herrschaft Christi über die Zeit zunichte machen. Gott hatte die Welt des Thomas Morus für das Gute bestimmt, und obwohl alle Anzeichen dagegen sprachen, würde das Gute triumphieren, weil Jesus den Sieg bereits errungen hatte.

Thomas Morus starb als Märtyrer, weil er sich weigerte, der Ernennung Heinrichs VIII. zum Oberhaupt der Anglikanischen Kirche zuzustimmen und den geforderten Suprematseid ablehnte. Zunehmend durchschaute Morus den vom äußeren Schein geprägten Charakter unserer Welt und amüsierte sich über den menschlichen Dünkel. »Seine intuitive Vision des ewigen Gottes war so klar, dass er das irdische Leben nur aus der Perspektive Gottes betrachten konnte. So vieles von dem, was er sah, glich so sehr einem Possenspiel, dass er es unmöglich ernst nehmen konnte.«[79]

Der Ehemann, Vater, bedeutende Staatsmann, Autor und Politiker seiner Epoche (zu Beginn des 16. Jahrhunderts) war ohne Zweifel ein sehr besonnener, kontemplativer Mensch und ein Mann des Gebets. »Er ist gewissermaßen das Beispiel eines Mannes, dessen Sinn für Humor in seinem Gebetsleben wurzelte und seine Liebe zu Gott widerspiegelte. Da er unsere irdische Welt als Bühne und die Menschen als Darsteller in einem Theaterstück betrachtete, sah er vor allem die groteske, komische Seite menschlicher Eitelkeit und Einbildung.«[80]

Abgesehen von einigen bemerkenswerten Ausnahmen wirken die meisten Heiliggesprochenen wie nicht von dieser Welt, manchmal streng, verbissen, wenn nicht geradezu bedrohlich. Der hagere Asket, der heldenhafte Selbstverleugnung praktiziert, scheint die Welt und menschliche Beziehungen kaum wahrzunehmen. Der apostolische Workaholic hinterlässt womöglich den Eindruck, ihm seien wahrer Friede und echte Freude abhanden gekommen. Der spartanische Kämpfer, der gnadenlos mit sich selbst ist, neigt vielleicht dazu, mit anderen genauso unbarmherzig zu sein. Thomas Morus dagegen war ein charmanter, geistreicher und humorvoller Mensch, der in und gleichzeitig von der Welt war, von ganzem Herzen Staatsmann und zugleich Gott treu ergeben. Sein Gebetsleben half ihm, dieses zerbrechliche Gleichgewicht zu bewahren und in Frucht bringender Spannung zu leben.

In unserer heutigen Kultur – in der sich die Medien durch geschickte Werbung des menschlichen Geistes bemächtigen und

uns weismachen wollen, das Glück läge im sprudelnden Jung-
brunnen des hauseigenen Whirlpools, Gepflegtsein und äußere
Schönheit seien das Wichtigste, ein Nachmittag im Einkaufszen-
trum (unser Konsumtempel) sei das Modellprojekt für psychi-
sche Gesundheit und käme einer religiösen Erfahrung gleich –
kommen der Realismus und beißende Humor von Thomas
Morus zur rechten Zeit und sind wohltuend ernüchternd und
anstößig. Sein Kampf gegen die Unwirklichkeit und Leere unseres Daseins rückte die Zeit und ihre Begleiterscheinungen in eine biblische Perspektive.

Seine humorvollsten Spitzen waren dem Adel und dem Kle-
rus vorbehalten, aber auch geschwätzigen Nonnen und selbst-
gefälligen Theologen sowie einem Elmer-Gantry-ähnlichen
Pfarrer namens Candidus, der ein zweifelhaftes Vorbild christlicher Nachfolge war:

*Treuer Spiegel, sag mir doch,*
*was zu tun ist, was zu meiden.*
*Alles, was ich meide, wird getan;*
*alles, was ich tue, wird gemieden.*[81]

Es wäre nicht untypisch für Thomas Morus, die zeitgenössische
Theologie folgendermaßen auf die Schippe zu nehmen, zum
Beispiel mit diesem Witz eines unbekannten Verfassers: »Jesus
sprach zu seinen Jüngern: ›Wer sagen die Leute, dass ich sei?‹
Und sie antworteten ihm: ›Du bist die eschatologische Manifes-
tation der Ursache unserer Existenz, in der wir die ultimative
Erfüllung unserer zwischenmenschlichen Kontakte finden.‹
Und Jesus sprach: ›Wie bitte?‹«

Bei all seinen witzigen und schonungslosen Angriffen auf das
Establishment war es das Gebetsleben von Thomas Morus, das
einen entscheidenden Einfluss auf sein Denken und Handeln
als Politiker ausübte. Als Lordkanzler von England flüchtete er
nicht vor der Welt, sondern wandte sich ihr in Jesus Christus zu.

Er setzte sich stark für britische Handelsabkommen und Tarifverhandlungen ein, engagierte sich für die Rechte der Armen und Unterdrückten, sagte überhöhten Preisen und Lebensmittelkürzungen den Kampf an, stellte sich entschieden gegen die kriegerische Haltung mancher Päpste und förderte Gesetzesreformen und die allgemeine Schulbildung. Als Opfer seiner eigenen Erklärung der Religionsfreiheit wurde er schließlich 1535 unter König Heinrich VIII. verurteilt und enthauptet.

Durch das Gebet von der Tyrannei der Zeit befreit, konnte Thomas Morus bescheiden sagen: »Ich bin ein treuer Diener des Königs, doch an erster Stelle ein Diener Gottes.« Sein Sinn für Humor verließ ihn selbst bei seiner Hinrichtung nicht. Als der Scharfrichter das Schwert hob, bat Morus, er möge doch bitte seinen Bart verschonen, denn »dieser hat keinen Verrat begangen.«[82]

Thomas Morus als Schutzpatron der Kirche Amerikas im 21. Jahrhundert? Warum nicht? 1929 prophezeite G. K. Chesterton in einem seiner späten Werke: »Seit seinem Tod hat Thomas Morus nicht an Bedeutung verloren; er ist für uns heute von größerem Interesse als je zuvor; doch das ist nichts im Vergleich zu der Bedeutung, die er in ein paar hundert Jahren für die Menschheit haben wird.«[83]

Iris Murdoch beschreibt in ihrem tiefgründigen Roman *The Nice and the Good* einen Mann in einer Grenzsituation In einer Höhle eingeschlossen, steht er hüfthoch im Wasser. Er weiß, dass ihm nicht mehr viel Zeit bleibt, seine Haut zu retten, denn bald würde die Flut einsetzen und den Hohlraum ganz mit Wasser füllen. In einem Augenblick großer Klarheit denkt er: »Wenn ich jemals hier rauskomme, will ich nie mehr einen Menschen richten, (...) niemanden verurteilen, mich nicht anderen überlegen fühlen, keine Gewalt gegen andere mehr ausüben und fortan meine Habgier zügeln. Jegliche Macht ist Sünde und jegliches Recht hat seine Schwachstellen. Die einzige Gerechtigkeit ist die Liebe. Wichtiger als das Gesetz sind Vergebung und Versöhnung.«[84]

Angesichts der Zeit, die unaufhaltsam wie Sand in einem Stundenglas zerrinnt, gibt es für die Kirche kein dringenderes Anliegen als das der Verkündigung der Werte Jesu und die Vorbereitung auf sein Kommen. Die Gemeinde Jesu darf sich weder damit verzetteln, vermeintliches ketzerisches Verhalten aufdecken zu wollen, noch darf sie im Sumpf theologischer Kontroversen stecken bleiben. Der Leib Christi muss sich von Belanglosigkeiten und unwichtigen Themen distanzieren und sich stattdessen in brüderlicher Liebe zusammenschließen. Es ist an der Zeit, einander die Fehler der Vergangenheit zu vergeben und die lebenswichtige Frage des Meisters »Hast du mich lieb?« zu den Menschen zu tragen. Nur dann kann die Herrschaft Jesu bei uns anbrechen.

Sowohl die *Qahal Jahwe* der hebräischen Schriften als auch die *Ekklesia* des Neuen Testamentes und die »Gemeinschaft der Heiligen« des Koran rufen die Menschen auf, die kleinliche Begrenztheit des Denkens abzulegen und eine monotheistische Einigkeit zu feiern, sich in kleinen Gruppen und Gemeinden zusammenzuschließen, um gemeinsam zu beten und einander zu dienen und zu heilen, denn, wie Hans Küng schreibt: »Das Reich Gottes ist Wohnung für die Menschen. Was könnte es anderes bedeuten als ein Zustand, in dem die menschliche Existenz nicht nur erträglich, sondern auch erfreulich ist – weil sie sich für die Ewigkeit öffnet.«[85]

Lassen Sie uns diese wesentliche Tatsache nicht aus den Augen verlieren: Der Durchbruch im Leben von Thomas Morus kam durch die reinigende Einsamkeit des Gebets. Eine Erfahrung, die befreit, Schranken niederreißt und so revolutionär ist wie die Botschaft »Jesus Christus gestern und heute und derselbe auch in Ewigkeit« (Hebräer 13,8). Warum sollten nicht auch wir Befreiung von der Herrschaft des Selbsthasses und der Tyrannei der Zeit erfahren können?

# Kapitel 6

# Integrität und Selbstannahme

Es war ein glühend heißer Sommermorgen. Eine Backofen-hitze heizte die Straßen von New Orleans auf, als vier Christen unterschiedlichen Temperaments durch das »French Quarter« bummelten. Es sollte ein spontaner Ausflug sein, eine will-kommene Flucht aus der Tretmühle des Alltags und der Ar-beit. Die Zeiger der Uhr bewegten sich langsam aber sicher auf zwölf Uhr Mittag zu. Wir passierten die legendäre Jazz-Kneipe »Preservation Hall«, stöberten in einer gemütlichen Boutique mit Räucherkerzenduft, schlenderten um den »Jack-son Square« herum und studierten die Speisekarte von »Pon-talba's«, die sich durch traditionelle Bohnen- und Reisgerichte auszeichnete – eine Versuchung, der wir leicht widerstehen konnten. Stattdessen bewegten wir uns, einer liturgischen Pro-zession gleich, zielstrebig auf »Central Grocery« zu, die Hei-mat des echten Muffuletta-Sandwichs. In Pauls Augen sah ich bereits dieses besondere Glitzern, und uns allen lief schon das Wasser im Mund zusammen, wenn wir an den ersten Bissen dachten: Italienische Salami, Provolone-Käse, Olivenschei-ben, Mortadella und Schinken in einem herzhaften Sesam-brötchen, gekrönt von einer unbeschreiblichen Sauce. Voll Vorfreude nahmen wir an einem der runden Marmortische Platz.

Paul wandte sich mir zu und sagte aus heiterem Himmel: »Was willst du mit dem Rest deines Lebens anfangen?«

Nach kurzem Zögern antwortete ich: »Ich möchte so leben, dass einmal auf meinem Grabstein stehen wird: ›Er war ein Mensch, der die Liebe Gottes lebte‹.«

Jeder von uns hat seinen Traum. Wir alle haben eine bestimmte Vorstellung, wie unser Leben sein sollte, die unseren Überzeugungen entspricht, unsere Einzigartigkeit verkörpert und die Ausdruck unserer Motivation ist. Dieser Traum hat seinen festen Platz in unserem Inneren – auch wenn wir gerade mit den Gedanken woanders sind oder uns auf ein leckeres Essen freuen. Ob edel und selbstlos oder schändlich und egoistisch, unser Traum wird unser Leben definieren, indem er unser Handeln, unsere Worte und Entscheidungen beeinflusst.

Wenn unser Streben in erster Linie der Sicherheit gilt, werden wir keinerlei Risiken eingehen und uns durch persönliche Haftpflicht-, Rechtsschutz-, Reise-Krankenversicherung, Lebens- und Hausratversicherung rundum absichern. Sind uns Sport und Spaß am wichtigsten, werden wir viel Zeit und Geld in hedonistische Zwecke investieren. Wer sich mit Haut und Haar der Wissenschaft verschrieben hat, der wird nur dann glücklich sein, wenn er sein Leben lang in einem akademischen Umfeld tätig sein kann. Selbst wenn unser Traum unrealistisch ist oder wir ihn aufgrund zwingender Umstände zeitweilig auf Eis legen müssen, wird er unser Bewusstsein beeinflussen, unsere Fantasie beleben und die Suche nach dem Sinn in unserem Leben aufrechterhalten.

Der Traum Jesu Christi ist das Reich Gottes, und wer Jesus von ganzem Herzen nachfolgt, der glaubt auch an seinen Traum.

Dabei gilt es zu beachten, dass Gottes Königreich kein Abstraktum ist. Es ist eine greifbare, sichtbare, wunderbare Realität, die gestaltet wird durch die Gemeinschaft der Christen und die persönliche Hingabe des Einzelnen. Christliches Engagement, das sich nicht in demütigem Dienst, duldsamer Nachfolge und kreativer Liebe äußert, ist eine Illusion. Die Welt hat kein Interesse an abstrakten Gedankengebilden, und Jesus Christus hat keine Geduld mit halbherzigen Nachfolgern: »Und wer diese meine Rede hört und tut sie nicht, der gleicht einem törichten Mann, der sein Haus auf Sand baute« (Matthäus 7,26).

»Wer redet, insbesondere, wenn er mit Gott redet, kann viel bewirken«, schreibt der Philosoph Maurice Blondel, »aber nur wer handelt, meint es wirklich ernst und verdient unsere größere Aufmerksamkeit. Wenn wir wissen wollen, was ein Mensch wirklich glaubt, sollten wir nicht auf seine Worte hören, sondern auf seine Taten achten.«[86]

Nur wer seinem Traum treu bleibt, kann ein Leben der Integrität führen. Tag für Tag treffen wir Entscheidungen, die mit den Wertvorstellungen des Evangeliums entweder übereinstimmen oder ihnen widersprechen. Für reife Christen bilden Glaube, Intellekt und Gefühle ein beständiges, harmonisches Ganzes. Ihre damit verbundene Klarheit und Gelassenheit haben ihren Ursprung in der Selbstannahme. Je mehr wir mit uns selbst im Einklang sind, desto weniger werden wir das Bedürfnis nach Bestätigung und den Hunger nach Lob und Anerkennung verspüren. (Integrität in diesem Sinne wird in der Bibel Gerechtigkeit genannt. Leider hat dieses Wort, genauso wie Frömmigkeit, in unserer Zeit einen negativen Beigeschmack bekommen, so dass es ratsam ist, solche Begriffe durch Synonyme zu ersetzen, bis sie eines Tages wieder in ihrer ursprünglichen Bedeutung verstanden werden. Im heutigen Sprachgebrauch dagegen beschwören sie Vorstellungen von Gesetzlichkeit, geistlicher Überlegenheit und scheinheiligem Moralismus herauf, die Jesus erschaudern ließen.)

Als Christen prägen wir unseren Traum durch unsere eigene, einzigartige, unersetzliche Persönlichkeit. Durch das Wort Gottes entsteht eine Gemeinschaft der Gläubigen, die sich durch Einigkeit auszeichnet, ohne dabei uniform und eintönig zu sein. Jesus ist der Weg, doch sein Licht wird, wie bei einer Refraktorlinse, auf Myriaden von verschiedenen Arten gebrochen – durch die unterschiedlichen Persönlichkeiten seiner Nachfolger.

»Wenn wir wirklich offen sein wollen für den Weg, die Wahrheit und das Leben, sollten wir in uns hineinhorchen, welche besondere Aufgabe Jesus für uns bestimmt hat und wie wir seine göttliche Liebe am besten weitergeben können, in einer Form, die uns entspricht«, schreibt Adrian van Kaam. »Unzählige Dienste der Liebe und Fürsorge mögen sich aus unseren täglichen Arbeitsbereichen und Begegnungen ergeben, doch nur ein bestimmter ist es, zu dem wir vom Herrn persönlich berufen sind. Es gibt viele verlockende Möglichkeiten, doch manche entsprechen weder unseren Gaben und Neigungen noch dem Willen Christi für uns. Vielleicht versuchen wir, einen Lebensstil zu leben, zu dem wir nicht berufen sind. Vielleicht wollen wir unsere Nächstenliebe durch ein besonderes Engagement oder das Mitwirken in einer Gruppe zeigen, die im Widerspruch zu unserer Persönlichkeit stehen. Vielleicht tun wir es nur den anderen zuliebe, weil wir uns nach ihrer Anerkennung sehnen. Oder wir wollen unbedingt zu einer beliebten sozialen oder geistlichen Gruppierung gehören und schließen uns ihnen blindlings an, obwohl ihre Art, die Liebe Christi zu bezeugen, nicht unbedingt die unsere ist.«[87]

Die Entscheidung, welche Richtung der Traum unserem Leben geben sollte, verlangt, dass wir unseren Gefühlen treu bleiben. Emotionen, in der bewegten Geschichte christlicher Spiritualität oft angezweifelt und verschmäht, sind wesentliche Bestandteile unserer Persönlichkeit. Sie sind die unmittelbarste Reaktion darauf, wie wir uns selbst und unsere Umwelt wahrnehmen. Ob positiv oder negativ, Gefühle sind der Schlüssel zu unserem wahren Selbst. Sie sind weder gut noch schlecht, sondern ganz einfach ein Spiegel dessen, was uns bewegt. Wie wir mit ihnen umgehen, bestimmt, ob unser Leben von Integrität oder von Selbstbetrug und Lüge geprägt ist. Der bekannte Vorwurf »Du hast mich angelogen!« ist oft berechtigt, auch wenn wir die Wahrheit sagen. Unser Gegenüber hört bloß leere Worte und nicht das, was wir damit sagen wollen, denn wir haben unsere Gefühle unterdrückt. In Verbindung mit dem Urteil eines durch den Glauben geformten Intellekts dienen unsere

Emotionen als präzise und zuverlässige Signale für angemessenes Handeln oder Nicht-Handeln.

Unterdrückte Gefühle können nicht geheilt werden. So führt zum Beispiel unterdrückter Ärger zu Verbitterung, unterdrückte Verbitterung zu Schuldgefühlen und Selbstgeißelung; und Schuldgefühle können zu Depressionen führen. Ein Leben der Integrität setzt voraus, dass wir unsere Gefühle ernst nehmen, zu ihnen stehen und uns nicht scheuen, sie auch auszudrücken. Wenn wir sie leugnen, verdrängen oder unterdrücken, werden wir unserem Traum untreu, was wiederum in einen Verlust der Integrität mündet.

Kürzlich hörte ich folgende Geschichte: Fünf Verkaufsleiterinnen aus der Computerbranche besuchten eine regionale Tagung in Chicago. Sie versicherten ihren Männern, pünktlich zum Abendessen wieder zu Hause zu sein. Doch die Tagung dauerte länger als erwartet, so dass die Frauen danach in Windeseile zum Bahnhof rennen mussten. Als sie sich ihren Weg durch die Menschenmenge in der Halle bahnten, stieß eine der Frauen versehentlich einen Tisch um, auf dem ein Korb mit Äpfeln stand. Er gehörte einem zehnjährigen Jungen, der sich damit das Geld für seine Schulbücher und Schulkleidung verdienen wollte. Ohne ihre Schritte zu verlangsamen, stürzten die Frauen weiter und stiegen erleichtert in den Zug. Alle außer der einen. Sie nahm ihre Gefühle ernst. Betroffen starrte sie auf den umgekippten Tisch und die Äpfel, die überall auf dem Boden verstreut lagen. Ihr Gewissen ließ nicht zu, dass sie einfach weiterging. Sie rief ihren Kolleginnen hinterher, dass sie mit dem nächsten Zug nachkommen würde, und begann, die Äpfel aufzusammeln. Später erzählte sie: »Ich bin so froh, dass ich das getan habe, denn der Junge war blind.«

Beim Einsammeln der Äpfel bemerkte sie, dass manche durch das Herunterfallen braune Stellen bekommen hatten. Sie griff in ihre Handtasche und sagte zu dem Jungen: »Es tut mir so Leid. Darf ich dir zwanzig Dollar geben für den Schaden,

den ich angerichtet haben? Ich hoffe, ich habe dir nicht den Tag verdorben. Gott segne dich.«

Der verstörte Junge wusste kaum, wie ihm geschah. Als sich die Frau zum Gehen wandte, fragte er: »Bist du Jesus?«

Wer seine Gefühle unterdrückt und ihnen keine Beachtung schenkt, wird blind sein für die Regungen und Überraschungen, mit denen der Heilige Geist uns zu kreativem Handeln aufruft.

Jesus nahm seine Gefühle ernst. Im Johannesevangelium heißt es, er »ergrimmte (...) im Geist und wurde sehr betrübt« (11,33). Manchmal ließ er seinem Zorn freien Lauf: »Ihr Heuchler, wie fein hat Jesaja von euch geweissagt und gesprochen (Jesaja 29,13): ›Dies Volk ehrt mich mit seinen Lippen, aber ihr Herz ist fern von mir; vergeblich dienen sie mir ...‹« (Matthäus 15,7-9). Er rief die Menschen zur Fürbitte auf, denn »als er das Volk sah, jammerte es ihn; denn sie waren verschmachtet und verstreut wie die Schafe, die keinen Hirten haben« (Matthäus 9,36). Als er die Witwe von Nain sah, »jammerte sie ihn und er sprach zu ihr: ›Weine nicht!‹ (Lukas 7,13). Wäre der Jüngling zu Nain vom Tod auferweckt worden, wenn Jesus seine Gefühle unterdrückt hätte?

Trauer, Enttäuschung und Traurigkeit befielen ihn beim Anblick Jerusalems: »Und als er nahe hinzukam, sah er die Stadt und weinte über sie und sprach: Wenn doch auch du erkenntest zu dieser Zeit, was zum Frieden dient!« (Lukas 19,41). Und ohne jegliche Spur von emotionaler Zurückhaltung donnerte er: »Ihr habt den Teufel zum Vater, und nach eures Vaters Gelüste wollt ihr tun« (Johannes 8,44). Als er im Haus des Simon von Betanien zu Gast war, verteidigte er aufgebracht die Frau, die ihn mit kostbarem Nardenöl gesalbt hatte: »Lasst sie in Frieden! Was betrübt ihr sie?« (Markus 14,6). Und wir spüren seinen Unmut, der aus den Worten spricht: »Seid denn auch ihr noch immer unverständig?« (Matthäus 15,16). An anderer Stelle die nackte Wut, als er schrie: »Geh weg von mir, Satan! Du bist mir ein Ärgernis ...« (Matthäus 16,23), aber auch eine große Sensibilität, als er fragte: »Wer hat mich berührt? (...) denn ich habe gespürt, dass eine Kraft von mir ausgegangen ist« (Lukas 8,45,46) sowie unbändige Wut in seinem Ausruf: »Tragt das weg und macht nicht meines Vaters Haus zum Kaufhaus!« (Johannes 2,16).

Die Evangelien stellen Jesus als einen Mann dar, der hundertprozentig zu seinen Gefühlen steht und keine Hemmungen hat, sie auszudrücken. An keiner Stelle der Bibel fürchtet oder verachtet er Gefühle oder zieht sie gar ins Lächerliche. Sie waren für ihn sensible Antennen, die er zu schätzen gelernt hatte und mit denen er den Willen seines Vaters wahrnahm. Es liegt eine verborgene Quelle geistlicher Weisheit in der banalen Redensart: »Wenn du bei etwas ein gutes Gefühl hast, dann tu es.« Allerdings wurde diese Aussage von Hedonisten und Genussmenschen nach Gutdünken missbraucht, um ihren lockeren Lebensstil zu rechtfertigen. Doch ein gutes Gefühl, das im Einklang mit unserer christlichen Überzeugung und intellektueller Wahrnehmung steht, ist ein Zeichen einer kreativen christlichen Lebensführung, die für uns selbst, für andere und die Verbreitung des Reiches Gottes Frucht bringen wird.

Das Licht, das wir suchen, ist in uns. Wie oft suchen wir pflichtgetreu nach Gott und finden ihn erst, wenn wir zu uns selbst zurückkehren. Wenn wir unseren Gefühlen Gehör schenken, begegnen wir dem heiligen Gott – nicht in dramatischen Begebenheiten wie einem Erdbeben oder einem Feuer, sondern, wie Elia in »einem stillen, sanften Sausen« (siehe 1. Könige 19,12). Das Königreich Gottes ist mitten unter uns.

Da Jesus sich nicht der öffentlichen Meinung beugte und sich nicht darum kümmerte, was andere über ihn dachten, konnte er seine Gefühle spontan und ehrlich äußern. Er brauchte keine Fassade zu wahren, keine Maske zu tragen, keine falschen Tatsachen vorzuspiegeln, keine Schamgefühle zu hegen und sich nicht für einen anderen auszugeben. Denn für den Zimmermann aus Nazareth bedeutete Integrität Aufrichtigkeit, authentische Kommunikation und mit seinen Gefühlen im Reinen zu sein. Falschheit und Heuchelei dagegen ist der Verlust des Selbst und die Verleugnung des Traumes. »Ich sage euch aber, dass die Menschen Rechenschaft geben müssen am Tage des Gerichts von jedem nichtsnutzigen Wort, das sie geredet haben« (Matthäus 12,36).

Ein authentischer Lebensstil ist nicht gleichbedeutend mit einem angepassten Lebensstil. Die Aufforderung des Paulus, »den Herrn Jesus Christus anzuziehen« (siehe Römer 13,14), meint ausdrücklich, sich *nicht* dem Zeitgeist anzupassen. Mit absoluter Zielstrebigkeit und reinem Herzen trachtete Jesus allein danach, dem Vater zu gefallen. Er machte sich keine Gedanken darüber, ob er dem Bild eines »netten jungen Mannes« entsprach und ganz bestimmt nicht darüber, ob er mit seiner Ehrlichkeit irgendjemandem auf die Füße trat.

»Es gibt eine Art Tyrannei der öffentlichen Meinung, die wir oft bei uns selbst oder bei anderen beobachten können: Was sollen die Nachbarn denken! Was sollen meine Freunde denken! Was sollen die Leute denken! Die Erwartungen anderer fungieren häufig als subtiler Druck, der unser Handeln stark beeinflusst«, schreibt Donald Gray, Dozent an der Universität von Manhattan. »Doch der Anspruch des Reiches Gottes hat Priorität gegenüber den Ansprüchen unserer Mitmenschen und was sie denken mögen, selbst wenn sich diese Priorität nur schwer wahrnehmen lässt. Weil Jesus die Freiheit hat, die Forderungen des Königreiches an erste Stelle zu setzen, bleibt er frei und unbeugsam gegenüber dem begrenzten Urteil jener, die ihn in die traditionelle Zwangsjacke stecken und in eine konventionelle Form pressen wollen.«[88]

Von dem Theologen John Haughey stammt die Bemerkung, der beste Weg zum geistlichen Wachstum sei es, »Wurzeln zu treiben«. Das Leben Jesu war geprägt von einem steigenden Bewusstsein seiner Person und seines Auftrags – aufgrund seines Verwurzeltseins im Vater. Wie eine mächtige alte Eiche, die ihre

Wurzeln tief in die Erde gräbt, so war das Herz Jesu verwurzelt in dem Einen, den er liebevoll »Abba« nannte und dem er in einer Liebe verbunden war, die unseren menschlichen Verstand übersteigt. Jesus hielt an seinem Vater fest. Nie verbarg er seine Gefühle, nie schloss er sich der Meinung der Leute an, nie ließ er sein Lebensschiff durch den Wind der Verzagtheit oder der Kompromisse vom Kurs abbringen. Er wusste, wer er war – der geliebte Sohn und zugleich Diener Gottes – und er ließ nicht zu, dass ihn irgendetwas oder irgendjemand daran hinderte, er selbst zu sein. »Weder das Gesetz noch die Tradition, noch die Vergangenheit, noch die Obrigkeit, noch die öffentliche Meinung, ja selbst der Tod nicht«, schreibt Gray. »Niemand! Jesus wird immer der Sohn des Vaters sein, und das ist es, was seine Identität ausmacht. Er ist und bleibt er selbst.«[89]

Da er sich voll und ganz mit seiner Person identifizieren konnte, verkörpert Jesus den Archetyp der Persönlichkeitsintegration. Wenn wir wirklich »den Herrn Jesus Christus anziehen« und von ganzem Herzen annehmen, wer wir sind, dann werden wir Freiheit von sozialem Druck erfahren und von der Sucht nach Lob und Anerkennung. Stattdessen kann sich ein gesunder Respekt für die eigene Person entwickeln. Dann werden die Prioritäten und Werte Christi zu unseren eigenen. Wir bauen am Reich Gottes auf Erden, wenn wir den Willen unseres Vaters im Himmel tun. Wir werden »Christus-ähnlicher« durch ein Leben in christlicher Integrität. Dieselbe Offenheit für Gefühle, Einfachheit der Sprache, enge Verbundenheit mit dem Vater, derselbe Geist des demütigen Dienstes, dieselbe barmherzige Heilung, alles erduldende Nachfolge und gehorsame Liebe werden durch das Wirken des Heiligen Geistes in uns entstehen und zur Vollendung dessen führen, was Paulus die »neue Kreatur« nennt.

Ich möchte noch einmal betonen: Wir werden »Christus-ähnlicher« im wahrsten Sinne des Wortes. In alttestamentlicher Zeit war die Würde des Priesteramtes einer kleinen Elite vorbehalten, einigen wenigen Auserwählten des »heiligen Volkes« (siehe 1. Petrus 2,9), die durch Handauflegen geweiht wurden. Dies allerdings wird der »königlichen Priesterschaft« nicht gerecht, die *alle* Heiligen einschließt – alle, die Christus nachfolgen und den Willen des himmlischen Vaters tun. Das gilt für alle Christen, die ein Leben der Integrität führen und die Gott und ihrem Traum treu bleiben.

Der Theologe James Mackey schreibt: »Kein Mensch ist aufgrund seines Amtes oder Standes heiliger oder Gott näher als andere; und wie immer wir heute in christlichen Gemeinden das Priesteramt definieren mögen, denken wir bei Priestern und Pfarrern wohl kaum an Mittler zwischen Gott und den Menschen oder an ›Stellvertreter Christi‹, genauso wenig wie wir diese Bezeichnung auf alle übrigen Christen anwenden würden. Nur einer hat die Mittlerrolle inne: Jesus Christus, und durch ihn haben wir alle unmittelbaren Zugang zu Gott. Weder bestimmte kultische Handlungen oder Glaubensbekenntnisse, weder gesetzliche Vorschriften noch Institutionen sollen jemals wieder einem Menschen die Überzeugung rauben, dass – so wie die Botschaft Jesu es vermittelt – Gott der Vater für alle Menschen ist, gegenwärtig für alle in der Schöpfung und im Leben, das er schenkt, ohne die Person anzusehen.«[90]

Ein Leben der Integrität bietet keinen Grund, sich dessen zu brüsten, denn es ist das Werk des Heiligen Geistes in uns (ohne den wir noch nicht einmal an die Auferstehung Jesu glauben würden). Ein Leben der Integrität fordert jeden Christen zu absoluter Ehrlichkeit auf, was seine Meinungen, Werte, seinen Lebensstil und seine persönlichen Beziehungen betrifft. In den Jahren meiner Suchtkrankheit machte ich die Erfahrung, dass Ehrlichkeit eine wertvolle Rarität ist – auf der Straße genauso wie in Gemeinden und in der Gesellschaft. Ähnlich dem Alkoholiker, der sein Problem leugnet, geben viele von uns sich schon so lange der Selbsttäuschung hin, dass Unehrlichkeit und Betrug zu einem akzeptablen Lebensstil geworden sind. Das *es-*

*se quam videri* (»lieber Sein als Schein«) des Gregorius von Nazi-anzus ist derart ins Gegenteil verkehrt worden, dass in unserem Verhalten im Allgemeinen der »Schein« dominiert. Man mogelt sich mit Lügen und Ausflüchten durch, und fromme Gedanken ersetzen die Courage, sich die Hände schmutzig zu machen oder einander die Füße zu waschen. Und der Schweizer Psychologe Carl Jung meint dazu, dass die Neurose immer ein hinreichender Ersatz für das Leiden ist.[91]

In der Zeit meiner Alkoholabhängigkeit, als ich Wodka-Fla-schen im Badezimmer, im Handschuhfach und in jedem Blumen-topf versteckte, nahm ich an, dass niemand einen Verdacht hegte und auch der allwissende Gott sich nicht die Mühe machte, ge-nauer hinzuschauen. Unser menschliches Gewissen trügt. Ob wir nüchtern oder betrunken sind, Selbstbetrug ist ein durchtriebe-ner, nicht greifbarer und mächtiger Feind der Integrität. Ich glau-be, es gibt keine einfache Lösung, wenn wir nach schonungsloser Ehrlichkeit streben. Mir hat es jedoch geholfen, stündlich innezu-halten und kurz zu prüfen (um auf meine Grabinschrift zurückzu-kommen), ob meine Gedanken, Worte und Taten der vergange-nen sechzig Minuten sich mit meinem Traum, ein liebender Mensch zu sein, vereinbaren lassen. Sollte es sich herausstellen, dass diese Praxis zur Nabelschau, zu ungesunder Introvertiertheit und Selbstbezogenheit führt, will ich mich nicht fragen, wie es so weit kommen konnte, sondern was ich dagegen tun kann.

Die allmähliche Verwandlung von Selbsthass zur Selbstan-nahme geschieht, wenn wir nach absoluter Ehrlichkeit streben. Der menschliche Geist gedeiht in dem täglichen Bemühen, Ent-scheidungen zu treffen, die bezeugen, was wir in Christus sind und nicht, was wir unserer Meinung oder der Meinung anderer nach sein sollten. Wir können unserer sündigen und selbstsüch-tigen Natur und dem Selbstbetrug kaum allein Herr werden, um den Weg zur Freiheit als Christen zu finden. »Die aber Christus Jesus angehören, die haben ihr Fleisch gekreuzigt samt den Leidenschaften und Begierden« (Galater 5,24).

Die vollkommene Freude des Franz von Assisi mag zuerst als unrealistische Erwartung erscheinen, doch jeder kleine Sieg über die eigene Maßlosigkeit und Genusssucht ist an sich schon eine Freude. Der Auslöser für das Magengeschwür Bruder Leos, eines Bruders in seinem Orden, war wahrscheinlich der Tag, als Franziskus ihm erklärte, was vollkommene Freude bedeutet: »Höher als alle Gnade und alle Gaben des Heiligen Geistes, den Christus den Seinigen schenkt, steht die Gnade, uns selbst zu überwinden und bereitwillig Leiden, Demütigungen, Not und Bedrängnis zu erdulden - um der Liebe Christi willen.« Kein Wachstum ist ohne Leiden möglich, und der Weg zur Integrität ist mit Selbstverleugnung gepflastert. Beides erscheint uns – außer im Kontext der Liebe Jesu Christi – wenig erstrebenswert.

Wollten wir analysieren, woraus unser Traum letztendlich besteht, kämen wir unweigerlich zu dem Schluss: Dieser Traum ist kein Gedankengebäude, keine Plattform für schöne Reden, sondern ein *Lebensstil*. Doch ein Leben der Integrität verliert für mich seinen Reiz, wenn es losgelöst von einer persönlichen Beziehung zu Jesus ist. Die Überwindung des Selbst nur um des Sieges willen, Praktiken der Buße wie Fasten und Geißelung um der Selbstdisziplin willen und ein spartanischer Lebensstil als Selbstzweck sind jenen vorbehalten, die tapferer sind als ich. Wenn nicht Jesus den Traum mit Leben füllt und der Integrität seinen Geist einhaucht, verliert die Nachfolge ihre Faszination und wird ihres geheimnisvollen Nimbus beraubt. Wenn der Gekreuzigte sagt: »Ich sterbe, um bei dir zu sein. Bist du gewillt, einen Teil von dir sterben zu lassen, um bei mir zu sein?«, dann regt sich mein träger Geist (leider nicht immer), und die Freude der Gegenwart Jesu scheint mir wichtiger und schöner als aller irdische Firlefanz, von dem ich in dem Augenblick geblendet sein mag.

Selbstannahme ist jedoch nicht mit Selbstbezogenheit gleichzusetzen, sondern ganz und gar auf Beziehungen ausgerichtet.

Sie stellt nicht das *Selbst* in den Mittelpunkt, sondern *Christus*. Die Selbstzufriedenheit, die aus pedantischer Selbstprüfung, strenger Kasteiung und dem eifrigen Bestreben nach Reinheit des Herzens entsteht, ist eine falsche Spiritualität und eine Verfälschung christlicher Integrität. So wie die beispiellose Authentizität und innere Gelassenheit Jesu im Wohlgefallen seines Vaters verwurzelt waren, beruht die Selbstannahme eines Christen auf dem Wissen und der Erfahrung, dass Jesus uns annimmt und beisteht.

Ein Franziskanermönch und Mitbruder stellte mir einmal eine Reihe provozierender Fragen:

»Hast du je darüber nachgedacht, dass Jesus stolz auf dich ist? Stolz darauf, dass du sein Angebot des Glaubens angenommen hast? Stolz darauf, dass du, nachdem er dich erwählt hat, dich für ihn als Freund und Herrn entschieden hast? Stolz darauf, dass du nie aufgegeben hast? Stolz darauf, dass dein Glaube stark genug ist, um es immer wieder neu zu versuchen? Stolz darauf, dass du ihm vertraust, dass er dir helfen kann? Hast du je daran gedacht, dass Jesus an dir schätzt, dass du dich für ihn und gegen so vieles, das dich von ihm trennen würde, entschieden hast? Je daran, dass Jesus dankbar ist, wenn du einem seiner bedürftigen Kinder ein Lächeln schenkst oder Trost spendest? Oder an seine Dankbarkeit, dass du dich bemühst, ihn besser kennen zu lernen und somit anderen mit tieferer Einsicht von ihm zu erzählen? Hast du je daran gedacht, dass Jesus von dir enttäuscht sein kann, weil du nicht glauben willst, dass er dir hundertprozentig vergeben hat?

Jesus sagt, dass er uns nicht als Knechte, sondern als Freunde betrachtet. Daher ist Raum für alle Gefühle, die zwischen Freunden bestehen und die hier und jetzt zwischen Jesus und dir existieren mögen.«

Ein weiser Mann sagte einmal: Wirklich klug ist, wer gelernt hat, mit sich zufrieden zu sein. Das Geheimnis der Selbstannahme, das den Intellektuellen und Mächtigen dieser Welt oft verborgen bleibt, ist ein Leben der Integrität, geboren aus der Treue zu unserem Traum. Wenn wir mit uns selbst zufrieden sind, werden wir einen ganz neuen Frieden entdecken. Wir mögen uns unbequeme Fragen stellen: »Bin ich wirklich frei? Und wenn nicht, warum nicht?« Die Worte des bekannten Gebets »Herr, gib mir die Gelassenheit, die Dinge hinzunehmen, die ich nicht ändern kann; den Mut, die Dinge zu ändern, die ich ändern kann und die Weisheit, das eine vom anderen zu unterscheiden« lassen viele Fragen in mir aufsteigen. »Was läuft falsch in meinem Leben? Habe ich Angst, etwas zu verlieren? Was raubt mir den inneren Frieden? Welche Einstellung, welches Verhalten oder welche ungesunden Beziehungen lassen mich vor meinem Gesicht im Spiegel erschaudern? Habe ich den Mut, die Dinge zu ändern, die ich ändern kann?« Allein der Wille, sich solchen Fragen zu stellen, ist oft der erste Schritt auf dem Weg zur Selbstannahme.

»Wenn wir uns so annehmen, wie wir sind, wird unser Hunger nach Macht oder Bestätigung durch andere nachlassen, da uns die Vertrautheit mit uns selbst ein neues Gefühl der Sicherheit verleiht. Unsere Hauptsorge besteht nicht mehr darin, wie einflussreich oder wie beliebt wir sein mögen. Wir fürchten uns nicht mehr davor, dass man uns kritisieren oder widersprechen könnte, da wir die Realität menschlicher Begrenzungen erkannt haben: Wer mit sich im Reinen ist, ist frei von dem Verlangen, es allen recht machen zu wollen, denn nur wer sich selbst treu bleibt, wird langfristig inneren Frieden erfahren. Dann erst können wir unsere Gefühle als einen Teil von uns annehmen, sie schätzen lernen und auf sie hören. Dies ermöglicht uns, entsprechende Verhaltensmuster zu entwickeln, die für uns selbst und für andere vorteilhaft sind. Persönlichkeitsintegration befähigt uns zu einer Lebensfreude, die mit Verantwortungsgefühl einhergeht und dazu, den besonderen Sinn unseres eigenen Lebens zu entdecken. Wir empfinden eine tiefe Dankbarkeit für unser Leben sowie eine große Wertschätzung und Liebe zu uns selbst.«[92]

Ein Nachfolger Jesu, der das Risiko eingeht, seine Gefühle ernst zu nehmen anstatt auf die Meinung der Mächtigen oder die lauten Forderungen der Mehrheit zu hören, wird vielleicht bald feststellen, dass seine Überzeugungen nicht mit der *vox populi* übereinstimmen. Er wird die Situation als zermürbend für seine Person und unangenehm für andere empfinden. Obwohl Abraham Maslow ihn als »einzigartig und eigenwillig, lebendig, kreativ und ehrlich«[93] beschreiben würde, mag der Betreffende in dieser Lobrede wenig Trost finden. Er wird ziemliche Angst davor haben, gegen den Strom zu schwimmen. Der Sicherheit des Ansehens bei seinen Mitmenschen beraubt, wird er, wie Linus ohne Schmusedecke, zeitweilig etwas verloren und verunsichert durchs Leben gehen. Sein begehrtes Image der Korrektheit und Nüchternheit, des Pfeilers der Orthodoxie und der Schildwache der *via media*, wird zunichte gemacht durch Sticheleien, Intrigen und Halbwahrheiten.

Wer das Risiko eingeht, auf den Heiligen Geist zu hören, der durch »die Klugheit unserer Gefühle«[94] zu uns spricht, ist bereit, etwas zu wagen, in dem vollen Bewusstsein, dass die Geschichte christlicher Spiritualität nicht unbedingt eine der gehorsamen Gleichförmigkeit ist, ganz gleich, wie viele weise, angesehene Leute dies so sehen mögen. Für Franz von Assisi, Martin Luther, Dietrich Bonhoeffer und andere ist es die Geschichte des Festhaltens an dem Traum, das Evangelium für die eigene Generation in eine neue, verständliche Sprache zu übertragen sowie die fantasievolle Antwort auf die Bedürfnisse der Kirche. Der Traum dieser Männer, soweit er dem Wirken des Heiligen Geistes entspringt, mag für manche ansteckend sein; für die lärmende, im Gleichschritt marschierende Mehrheit dagegen eine verrückte Illusion. Die Bibel bezeugt, dass es nicht leicht ist, mit seiner Meinung gegen den Strom zu schwimmen. »Es ist besser für euch, ein Mensch sterbe für das Volk, als dass das ganze Volk verderbe« (Johannes 11,50). Man schüttelt die Köpfe, beruft sich auf alte, als heilig geltende Traditionen, preist eine nicht geschichtlich belegte Orthodoxie und beginnt mit Schuldzuweisungen – eine mächtige, grausame Waffe, insbesondere in den Händen der Kirche. Schuldzuweisungen verschleiern die Tatsachen, zerstören die Objektivität und verwandeln Diskussionen in Schmähreden. Die vorhersagbare Reaktion der Unreifen ist Vergeltung. Ein Konflikt, der an sich produktiv und konstruktiv sein könnte, verschärft sich, weil beide Fronten ausschließlich damit beschäftigt sind, sich zu rechtfertigen.

Risikofreudige Christen stellen bald fest, dass sie sich in schlechter Gesellschaft befinden. Der historische Jesus war kein Geächteter, und nichts in den Evangelien weist darauf hin, dass er ein verbitterter Einzelgänger war, der einen Groll gegen die Welt, das Gesetz oder die Obrigkeit hegte. Dennoch zweifelten seine Angehörigen an seiner geistigen Gesundheit (Markus 3,21), die Pharisäer dachten, er sei von Dämonen besessen (Markus 3,22), und Leute aus der Menge riefen ihm Schimpfnamen nach. Jesus hörte auf eine andere Stimme, suchte seine geistliche Ausrichtung anderswo und schien sich nicht davor zu fürchten, was die Leute über ihn sagen mochten oder was sie ihm antun könnten.

»Nach seinem Verhalten beurteilt wurde Jesus vielleicht als ungläubig angesehen«, bemerkt die Therapeutin Kathleen Kelley. »Er wandte sich gegen die religiösen Konventionen der damaligen Zeit und scheute sich nicht, Gesetze und Traditionen zu brechen, wenn seine Liebe zu den Menschen es verlangte. Seine Ehrlichkeit und Authentizität als Mensch hatten für ihn mehr Gewicht als seine Vorbildfunktion als gläubiger Jude. Treue bedeutete für ihn eine vollkommene Hingabe an das Leben, in Kenntnis sowohl seiner Menschlichkeit als auch seiner Göttlichkeit.«[95]

Die Feinde Jesu mussten wohl oder übel zugeben: »Meister, wir wissen, dass du wahrhaftig bist und fragst nach niemand; denn du achtest nicht das Ansehen der Menschen, sondern du lehrst den Weg Gottes recht« (Markus 12,14). Obwohl diese anerkennenden Worte im biblischen Kontext allein dazu dienen, Jesus eine Falle zu stellen, wird hier deutlich, welchen Einfluss er auf die Leute hatte. Ein Leben der Integrität hat prophetische Kraft, selbst bei Skeptikern und Ungläubigen. Richard J. Foster beschrieb, wie das Zeugnis des bekannten Methodistenpredigers John Wesley durch sein Beispiel an Integrität im praktischen Leben unterstrichen wurde. »Es wird berichtet, dass Wesley zu seiner Schwester sagte: ›Ich kann kein Geld horten. Täte ich es, es würde mich zerstören. Ich gebe es so schnell wie möglich wieder aus der Hand, damit ich mein Herz nicht daran hänge.‹ Er erzählte jedem, dass man ihn zu Recht einen Räuber nennen dürfe, befänden sich in seiner Todesstunde mehr als zehn Pfund in seinem Besitz.«[96]

Während meiner Zeit am Priesterseminar wurde ich zu Unrecht der Gehorsamsverweigerung beschuldigt und erhielt eine Verwarnung. Darauf war mir klar, dass in Zukunft alle meine Handlungen überwacht würden und sogar meine Ordination auf dem Spiel stünde, was für mich ein schwerer Schlag war. Ich empfand Angst und Zorn, gepaart mit Selbstmitleid und Verwirrung. Ich fand erst wieder Frieden, als mir bewusst wurde, dass meine Ordination an sich gar nicht so wichtig war. Für Gott war es viel wichtiger, dass ich mir selbst treu blieb, anstatt ein Vorzeige-Priester zu werden. Lieber ein ehrlicher Jünger Jesu als ein verunsicherter Geistlicher.

Im Licht der Geschichte der Christenheit, angesichts der heldenhaften Nachfolge der Apostel und Märtyrer, verblasst dieser kleine Zwischenfall zur Bedeutungslosigkeit und wird mit Sicherheit nie in einer Anthologie der Lebensberichte von Heiligen erscheinen. Dennoch erhielt ich dadurch einen Vorgeschmack, was authentisches Leben bedeuten kann. In meinem

Herzen entstand der Wunsch nach einer Gelassenheit, wie sie nur die Menschen kennen, die sich selbst voll und ganz angenommen haben.

Ereignisse wie die Inhaftierung von acht Mitgliedern der *Plowshares*-Friedensbewegung, die sich der Gewaltlosigkeit verschrieben hat, und der brutale Mord an Oscar Romero, Erzbischof von San Salvador, der sich für soziale und politische Reformen einsetzte, sollten uns zu denken geben. Sie öffnen der Gemeinde Christi die Augen für die Gefahren der Nachfolge und den Preis der Integrität. Die Friedensbewegung und Menschen wie Bischof Romero werden nicht müde, gegen althergebrachte Traditionen, ungerechte Gesetzgebung, eine korrupte Regierung, gegen die Vergangenheit und das Establishment zu kämpfen. Ein prophetischer Lebensstil richtet unsere Blicke auf das Kreuz. Es bleibt der Hinweis auf das Kreuz, einzig und allein auf das Kreuz Jesu Christi – ein helles Leuchtfeuer in der Dunkelheit unserer Welt.

Kapitel 7

# Barmherzigkeit und das Kreuz

Beverly Hills, Kalifornien: – Es wird auch »das mit Gold gepflasterte Tal«, »Milliarden-Basar« oder »Rolls-Royce Rennbahn« genannt. In den letzten Jahren hat sich der »Rodeo Drive«, eine knapp drei Häuserblocks lange Shopping-Meile, zur Einkaufsstraße der Superlative gemausert und stellt, was Exklusivität und Großspurigkeit betrifft, sämtliche berühmten Geschäftsviertel der Welt in den Schatten. Hier findet man Mode zu astronomischen Preisen – für alle, die sich ihren Spleen etwas kosten lassen. Das Warenangebot übersteigt alle Vorstellungskraft: ein blaugrauer Bettüberwurf aus Fuchspelz für 43.000 Dollar, ein Wildleder-Poncho zur Designer-Jeans passend für 3.200 Dollar oder ein Haarschnitt für 125 Dollar in John Peters's Salon. Doch diese Auswüchse der Konsumgesellschaft sind nichts im Vergleich zu der weltweiten Wirtschaftskriminalität nach Enron-Vorbild. Der Energiehandelskonzern Enron und seine Mitläufer hatten sich, um ihrer Habgier zu frönen, über sämtliche Gesetze hinweggesetzt. Selbst nach dem Zusammenbruch des Konzerns wurden Enron-Aktien an der Wall Street noch als gute Investitionen verkauft, und die Wirtschaftsprüfungs- und Steuerberatungsgesellschaft Arthur Andersen bestätigte »saubere Bilanzen«. Tausende von Beschäftigten, von skrupellosen Vorgesetzten aufgefordert, ihre Beiträge zum Rentenfonds in Enron-Aktien anzulegen, obwohl sich die Firma längst auf dem absteigenden Ast befand, wurden ihrer Alterssicherung beraubt. In einer Unternehmenskultur, die unvorstellbaren Schaden gelitten hatte, setzten sich die »Wir-wissen-von-nichts«-Angeklagten über eine nationale Tragödie hinweg und füllten ihre Taschen mit unsäglichen Millionen durch Umverteilungen und Betrug.

Anderenorts wird die Verarmung und Verwässerung des christlichen Glaubens konkretisiert, wenn Christus mit rücksichtslosem Ehrgeiz, militärischer Vorherrschaft, finanziellem Erfolg und Rachsucht gegenüber Randgruppen assoziiert wird; wenn Politik strikt vom Glauben getrennt wird, um Themen wie Krieg, Waffen, Todesstrafe, Abtreibung, Rassismus, Armut und Umweltzerstörung eine ethische Relevanz abzusprechen und sie dem diktatorischen Apparat der Kongressausschüsse und deren eigener Logik zu übergeben; wenn die Propheten des Wohlstands Kürzungen der staatlichen Unterstützung für sozial Benachteiligte befürworten; wenn die Einstellung gegenüber Sex, Geld und Macht durch allgemein geltende Werte geformt wird und wenn das Wort Gottes als verstaubt und veraltet abgetan wird.

»Bei zahlreichen so genannten Sonntagspredigten im Fernsehen«, schreibt der Ethiker John Kavanaugh, »ist viel die Rede von Geld und Erfolg, von psychischer Ausgeglichenheit und gesellschaftlicher Beliebtheit, von den Segnungen des Kapitalismus und den Gefahren des Sozialismus, doch wenig von den Armen, Leidenden, Ausgestoßenen und Unterprivilegierten.«[97]

El Paso, Texas: – Unweit der Grenze in Mexiko liegt die fünftgrößte Stadt des Landes, Juarez, mit 750.000 Einwohnern. Zehntausenden von ihnen fehlt es am Nötigsten und sie leiden Entbehrungen an Körper, Geist und Seele. Hier gründete Rick Thomas im Jahr 1975 die »Lord's Food Bank« für Menschen in den Elendsvierteln, die in den Müllhalden der Stadt nach wiederverwertbarem Abfall suchen. Eines Tages kam eine abgezehrte, 60-jährige Frau namens Juanita zu ihm und bat um Hilfe. Seit Jahren schon durchsuchte sie die Mülleimer in der städtischen Markthalle nach Essbarem für sich und ihre verwaisten Enkelkinder, doch es war unmöglich, für alle Kinder genug Nahrung zu beschaffen. Manchmal reichte es gerade für eine Mahlzeit am Tag; manchmal hatten sie tagelang nichts zu essen.

Als in einer regenarmen Zeit in Juarez das Wasser rationiert wurde, liefen die Leute mit Eimern durch die Straßen und bettelten um etwas zu trinken. Wochenlang herrschten in der Stadt Temperaturen um die 40 Grad Celsius. Säuglinge starben an Flüssigkeitsmangel. Die »Food Bank« verteilte Wasser in 200-Liter-Fässern mit einem LKW an die Familien für ein symbolisches Entgelt von 20 Cent. Während meines Aufenthaltes in Juarez war ich zutiefst erschüttert über das, was ich sah. Noch heute verfolgen mich die Bilder der verdurstenden Menschen und der sterbenden Babys.


In jeder menschlichen Gemeinschaft, sei sie säkular oder religiös, in der die Reichen nicht mit den Armen teilen, regiert das Königreich Satans. Die Gegenwart, das Wort und der Traum Jesu Christi sind weder theoretisch noch praktisch vorhanden. Sie existieren einfach nicht.

Die Amerikaner stellen nur 5 Prozent der Weltbevölkerung, aber sie verbrauchen jährlich beinahe die Hälfte der weltweiten Ressourcen. Während die Armen in den Entwicklungsländern sich glücklich schätzen, wenn sie Hütten haben, die ihnen Schutz vor dem Wetter bieten, leben wir in Luxus und Überfluss: Ein Ferienhaus, ein Zweitwagen, ein prall gefüllter Kleiderschrank. Wir essen Steaks von Bio-Rindern und die Summen, die wir jährlich für das Futter unserer Haustiere ausgeben, würden ausreichen, um weite Teile der Dritten Welt zu ernähren. Die Bevölkerung von ganz Juarez würde satt von dem Erlös des Abfalls, der auf unsere Müllhalden wandert.

Ich bin kein Wirtschaftswissenschaftler; ich habe weder den akademischen Hintergrund, das nötige Fachwissen noch den politischen Durchblick, um eine christliche Revolution anzuzetteln noch könnte ich irgendeinen intelligenten Beitrag zur Frage der Umverteilung der Ressourcen unserer Welt leisten. Doch was dazu gesagt werden kann, ohne Angst vor Widersprüchlichkeiten oder Übertreibungen, ist Folgendes: »Die einzige Sünde des reichen Mannes (siehe Lukas 16,19-31) scheint gewesen zu sein, dass er angesichts entsetzlicher Not ein luxuriöses Leben führte. Wenn die Worte Jesu nicht bedeuten, dass es unsere Pflicht ist, unseren Reichtum zu teilen, dann bedeuten sie gar nichts.«[98]

Mit dem Elend der Müllhalden und dem Luxus des Rodeo Drive als Hintergrund nähern wir uns dem Thema dieses letzten Kapitels: Das Durchleben des Leidens und der Leidenschaft Jesu in unserem Dasein durch ein Leben der Barmherzigkeit.

Die Bedeutung des englischen Begriffes *compassion* (Mitleid, Mitgefühl, Barmherzigkeit) lässt sich aus zwei lateinischen Worten herleiten, *cum* und *patior*, also wörtlich ›mit leiden‹ – das heißt im weiteren Sinne mit-ertragen, mit-erdulden, mitkämpfen und teilhaben an dem Hunger, der Nacktheit, Einsamkeit, an dem Schmerz und den zerbrochenen Träumen unserer Mitmenschen. Wer Jesus nachfolgen will, ohne Mitleid für den Nächsten zu empfinden, der betrügt sich selbst. Donald Gray schreibt: »Das Leben Jesu legt nahe, dass Gottähnlichkeit bedeutet, zu einem barmherzigen Lebensstil zu gelangen. Jesus selbst wusste, dass das Herz des Vaters voller Barmherzigkeit ist. Barmherzigkeit zu zeigen bedeutet, wie Abba, unser Vater, zu sein. Barmherzigkeit zu zeigen bedeutet gleichzeitig, wie Abbas Sohn zu sein.«[99]

Wer die Worte Jesu »Seid barmherzig, wie auch euer Vater barmherzig ist« (Lukas 6,36) ernst nimmt, der spürt den Herzschlag Jesu, wie er in den Evangelien lebt. Bei Matthäus lesen wir: »Darum sollt ihr vollkommen sein, wie euer Vater im Himmel vollkommen ist« (5,48). Wie ich bereits im vierten Kapitel erwähnte, wird von Theologen darauf hingewiesen, dass die beiden Begriffe (*barmherzig* und *vollkommen*) auf dieselbe Bedeutung reduziert werden können. Donald Senior behauptet: »Wer

Jesus in seinem Dienst der Barmherzigkeit nachfolgt, der ist vollkommen, wie der Vater im Himmel vollkommen ist.«[100]

Nach der Glaubensüberzeugung der Pharisäer zur Zeit Jesu galten Sünder, Leprakranke, chronisch Kranke und die Ärmsten der Armen als unrein und waren von der Gemeinschaft ausgeschlossen. Der Theologe Marcus Borg kommt zu dem Schluss: Was letztendlich zur Verurteilung Jesu führte, war der Konflikt zwischen seiner Weitherzigkeit und der engstirnigen Sicht der religiösen Obrigkeit. Er schreibt:

> »Bemerkenswert ist, dass die Aufforderung ›Seid barmherzig, wie Gott, der Vater, barmherzig ist‹ eng verbunden ist mit ›Seid heilig, denn Gott ist heilig‹, auch wenn es eine radikale Änderung der Wortwahl ist. Diese Parallele legt nahe, dass Jesus das grundlegende Gebot der Reinheit durch Barmherzigkeit ersetzte. Barmherzigkeit, nicht Heiligkeit, ist die wichtigste Eigenschaft Gottes und soll es daher auch für die Gemeinschaft der Gläubigen sein, die seine Liebe widerspiegeln.«[101]

Jesus gibt klare Richtlinien für ein Leben der Integrität, das aus der Treue zu unserem Traum geboren wird. Darin bleibt kein Raum für verklärten Idealismus, herablassendes Mitgefühl oder sentimentale Frömmigkeit. Wenn Barmherzigkeit die Motivation für sämtliche Reaktionen, Worte und Entscheidungen eines Christen ist, dann hat er wirklich »Christus angezogen« und führt ein Leben der Integrität. Biblisch gesehen ist Barmherzigkeit immer mit Handeln verbunden. Christen, die über die verdurstenden Kinder in Juarez weinten, zeigten tiefe Betroffenheit – in Verbindung mit einem gereichten Becher Wasser eine Handlung der Barmherzigkeit. Der Unterschied zwischen Handeln und bloßen Gefühlsregungen wird im 1. Johannesbrief mit deutlichen Worten beschrieben: »Wenn aber jemand dieser Welt Güter hat und sieht seinen Bruder darben und schließt sein Herz vor ihm zu, wie bleibt dann die Liebe Gottes in ihm? Meine Kinder, lasst uns nicht lieben mit Worten noch mit der Zunge, sondern mit der Tat und mit der Wahrheit« (3,17-18).

In den Berichten der Evangelien folgt jedes Mal, wenn Jesus tief bewegt war oder Mitleid für die Menschen empfand, eine Handlung – körperliche oder seelische Heilung, Befreiung von Dämonen oder ihre Austreibung, Speisung der Hungrigen oder ein fürbittendes Gebet. Der barmherzige Samariter verdient unsere Anerkennung genau aus diesem Grund: Er handelte. Der Priester und der Levit – Vorbilder jüdischer Tugendhaftigkeit – bestanden die Prüfung nicht, da sie tatenlos vorübergingen. »Wer von diesen dreien, meinst du, ist der Nächste gewesen dem, der unter die Räuber gefallen war? Er sprach: Der die Barmherzigkeit an ihm tat. Da sprach Jesus zu ihm: So geh hin und tu desgleichen!« (Lukas 10,36-37)

Es sind die unspektakulären, im Verborgenen getanen Dienste der Barmherzigkeit – Notleidende speisen und beherbergen, Kranke und Gefangene besuchen, Jugendlichen Erziehung und Korrektur bieten, heilende Worte sprechen, Unrecht ertragen, seelsorgerliche Hilfe anbieten, staubige Füße waschen, mit jemandem beten –, die ausdrücken, dass das Reich Gottes in unserem Leben gegenwärtig ist. Diese Botschaft ist so zentral, dass beim Jüngsten Gericht Gott selbst nur in den Menschen erkannt werden kann: »Wahrlich, ich sage euch: Was ihr getan habt einem von diesen meinen geringsten Brüdern, das habt ihr mir getan« (Matthäus 25,40). »Daher können wir mit Sicherheit behaupten, dass Barmherzigkeit die biblische Bedeutung geistlicher Vollkommenheit ist«, schreibt der Theologe Matthew Fox.[102]

Dies setzt allerdings voraus, dass wir unser selbstsüchtiges Ego sterben lassen und uns von unserer eigenen, unanfechtbaren Auffassung von Rechtschaffenheit, Gerechtigkeit, Fairness und Spaß verabschieden. Dabei hegen wir eine natürliche Abneigung, einen tief verwurzelten Widerstand gegenüber den Diensten der Barmherzigkeit, denn sie sind oft unbequem, unangenehm und verlangen, dass wir die Ärmel hochkrempeln und uns die Hände schmutzig machen. Kürzlich, bei einem

Treffen der Anonymen Alkoholiker, hörte ich folgende Geschichte:

Ein Bauarbeiter war auf dem Heimweg von der Arbeit auf ein paar Bier in einer Kneipe eingekehrt. Als er zum Abendessen nach Hause kam, rannte seine kleine Tochter mit breiverschmiertem Mund und voller Windel freudig auf ihn zu und warf sich in seine Arme, um ihren Papa zu begrüßen. Missbilligend drehte er sich zu seiner Frau um und murmelte: »Wie zum Teufel kann man ein so stinkendes Wesen so lieb haben?« Sie entgegnete gelassen: »Genauso wie ich meinen nach Bier stinkenden, betrunkenen Ehemann lieb habe.«

»Barmherzigkeit ist eine geistliche Übung für Erwachsene, nicht für Kinder; eine Übung der Liebe, nicht des Masochismus; der Gerechtigkeit, nicht der Philanthropie. Sie erfordert Reife, ein großes Herz, Risikofreude und Fantasie.«[103]

Die menschliche Erfahrung lehrt uns, dass selbst in christlichen Ehen der Himmel nicht nur voller Geigen hängt. Stattdessen kommt es oft zu unbeholfenen Versuchen, einander zu vergeben und sich zu versöhnen, sich in die Lage des anderen zu versetzen und auf barmherzige Weise den Ehepartner mitzutragen, mit all seinen Ängsten und Neurosen. In der Geschichte des anderen, so befremdlich, kleinkariert und zerbrochen sie uns erscheinen mag, finden wir uns selbst wieder. Voll bemerkenswerter Erkenntnis schrieb Vincent DePaul, ein Mystiker aus dem 17. Jahrhundert: »Sei barmherzig, und du wirst ein Heiliger werden.«

In der Gemeinde Christi heutzutage erfahren wir zur Genüge, dass zwischenmenschliche Beziehungen zerbrechen und ein Zusammenleben nicht mehr zumutbar oder sogar unmöglich wird. Demütig müssen wir eingestehen, dass aufgrund geistlicher Unreife und unzureichender Vorbereitung viele christliche Ehen, die himmelhoch jauchzend geschlossen wurden, weder *christlich* noch der *Himmel auf Erden* sind. Jede christliche Ehe symbolisiert die Liebe Christi zur Gemeinde. Dies kann schlichtweg nicht zutreffen, wenn ein Ehepartner Jesus nicht kennt oder beide ungläubig sind. Bei der Krise in der heutigen Kirche geht es um den Glauben, um die Notwendigkeit, Jesus Christus als Herrn und Erlöser anzunehmen. Und Ehepaare sind besonders von dieser Krise betroffen.

Die Lehre Jesu über die Unauflösbarkeit der Ehe ist eindeutig, rigoros und ohne Vorbehalte gültig (siehe Markus 10,1-12; Matthäus 5,31-32 und 19,3-12; Lukas 16,18). Wir müssen also davon ausgehen, dass Scheidung verhängnisvoll ist und die Ursache für nicht wieder gutzumachenden Schaden. Jeder Versuch, die Aussage der Worte Jesu zu mildern, würde die Kirche in den moralischen Sumpf der Scheidung auf Verlangen treiben. Allerdings macht es das absolute, uneingeschränkte Verbot der Scheidung oft unmöglich, Barmherzigkeit zu zeigen.

Der Apostel der Nationen sprach deutliche Worte zum Thema einer ehelichen Verbindung zwischen Gläubigen und Ungläubigen. Indem er sich auf seine eigene apostolische Vollmacht berief, modifizierte er die Lehre Jesu und trat für die Auflösung der Ehe in bestimmten Fällen ein, da Gott uns »zum Frieden berufen hat« (siehe 1. Korinther 7,15). Auf diese Weise interpretierte Paulus die Worte Jesu zum Thema Scheidung ganze dreißig Jahre nach der Auferstehung.

Die Kirche, der sichtbare, verlängerte Arm Jesu Christi in Raum und Zeit, ist das Abbild des barmherzigen Gottes. Angesichts zum Scheitern verurteilter, zerstörerischer Beziehungen sowie überall, wo Menschenrechte mit Füßen getreten werden, dürfen wir der Frage »Was würde Jesus tun?« nicht ausweichen. Alles andere hieße das Evangelium zu verwässern oder uns über jegliche christliche Tradition hinwegzusetzen. John McKenzie schrieb:

> »Würden wir, was das Problem der Scheidung betrifft, eine ähnliche Argumentation ins Feld führen wie jene, die uns die moralische Rechtfertigung für ›Verteidigung‹ und den ›gerechten Krieg‹ liefert, dann hätten wir die eheliche Trennung

schon längst legitimiert und würden die ›gerechte Scheidung‹ billigen. Wir haben Mittel und Wege gefunden, um elegant zu umgehen, was Jesus zum Thema Gewalt sagt, obwohl seine Worte dazu genauso eindeutig sind wie zum Thema Scheidung. Offensichtlich sehen wir ein ›inhärentes Übel‹ im Geschlechtsverkehr, das wir im Töten nicht sehen.«[104]

Barmherzigkeit ist weder mit bloßer Sentimentalität gleichzusetzen noch schließt sie Kompromisse mit der Wahrheit. Die Praktiken des Rabbi Hillel im 1. Jahrhundert, der mangelnde Kochkenntnisse einer Ehefrau als Scheidungsgrund gelten ließ, zeugen von einem absurden Liberalismus. Jede Spiritualität, die aus naiven menschlichen Motiven das Wort Gottes verfälscht, richtet sich selbst zu Grunde. Augustinus gelangte schon vor langer Zeit zu der Einsicht, dass der winzigste Anflug einer Lüge genügt, um die Autorität der Wahrheit zu schwächen. Barmherzigkeit nach biblischem Vorbild, bei der echtes Mitgefühl mit tatkräftiger Hilfe einhergeht, hat nichts mit psychologisierender, privatisierter Frömmigkeit zu tun, sondern entspringt dem Herzen Gottes. In seinem barmherzigen Wirken auf Erden offenbarte uns Jesus das Antlitz eines mitfühlenden, gnädigen Gottes.

Ich möchte noch einmal John McKenzies Gedanken zur Scheidung aufgreifen: »Als Christen sollten wir in der Lage sein, eine Position zwischen unmenschlicher Härte und amoralischer Gleichgültigkeit zu finden. Jesus machte mit Sicherheit und vorbehaltlos klar, dass zu einer Ehe Beständigkeit und Verbindlichkeit gehören. Und wir gewinnen nichts, wenn wir in der Ehe irgendetwas anderes sehen wollen. Die Ehe als unverbindliche sexuelle Beziehung kann kein Element einer stabilen Gesellschaft sein. Dies entsprach der Lehre Jesu. Lehrte er auch, dass es keine Besserung von Fehlern gibt, besonders wenn es um die Fehler anderer oder um Ehebruch geht? Wir brauchen einen klaren Beweis dafür, dass dies wirklich der Lehre Jesu entspricht. Es gibt nicht wieder gutzumachende Sünden und Irrtümer, wie etwa Mord; und es bleibt nur zu hoffen, dass solche Fälle immer in der Minderheit bleiben werden.«[105]

Die Barmherzigkeit Jesu sollte uns bewegen, unsere Reaktion und unsere wohlmeinenden Worte kritisch zu prüfen, wenn wir zu einer Hochzeit eingeladen werden, die nicht alle von Menschen geschaffenen Anforderungen einer »kirchlichen Hochzeit« erfüllt. Darüber hinaus sollten wir den Mut haben, bei Entscheidungen und Lebenssituationen, für die Jesus keine vorgefertigten Lösungen für uns bereithält, die Bürde der moralischen Verantwortung zu übernehmen. Als christliche Faustregel gilt: Jesus selbst schien sich weniger über einen gut gemeinten Fauxpas zu ärgern als über Irrtümer, die aufgrund von Gesetzlichkeit entstehen.

Lange bevor der heruntergekommene Times Square in New York zur schicken Touristenattraktion wurde, nahm ich einige Urlaubstage, um das *Covenant House* (Anm. d. Übers.: Notunterkunft und Beratungsstelle für Straßenkinder und gefährdete Jugendliche) zu besuchen. Das Haus steht an der 8. Avenue, zwischen der 43. und der 44. Street. Die Mitarbeiter bilden eine enge Gemeinschaft, und ihre kräftezehrende Arbeit mit von zu Hause weggelaufenen Kindern, minderjährigen Prostituierten und suchtkranken Jugendlichen ist von einem Geist christlicher Liebe und Barmherzigkeit geprägt. Regelmäßige Gebetszeiten und feste Strukturen bestimmen den Tagesablauf.

Als ich eines Nachmittags durch die umliegenden Straßen bummelte, sah ich einen muskelbepackten Zuhälter, der einem der Mädchen, das für ihn arbeitete, grobe Schimpfworte nachschrie. In der nächsten Straße blinkte vor einem Kino der Schriftzug »Kinderporno«, mit dem Zusatz, dass der Film nicht für zart besaitete Gemüter geeignet sei. An der Straßenecke buhlten zwei lateinamerikanische Strichmädchen um die Gunst leichtfertiger Kunden. Ich wich in einen Türeingang zurück und durchlitt eine ganze Palette von Gefühlsregungen – von einer

Welle der Empörung und des Abscheus bis zu Ärger und Frustration, dann folgten Traurigkeit, Leere und Schmerz.

Die barmherzige Liebe Jesu Christi ist ganz anderer Art. Seine Barmherzigkeit entspringt seinem innersten Wesen. Sie offenbart sich in einer Tiefe, die alles menschliche Verstehen übersteigt und wirkt auf einer Ebene, die sich menschlicher Nachahmung entzieht. Die zahlreichen körperlichen Heilungen, mit denen Jesus menschliches Leid linderte, deuten nur zaghaft an, welche Seelenqual ihm das Leiden der Menschheit bereitete. Alle, die ihm nachfolgen und nach der Wahrheit streben, stoßen hier an ihre Grenzen und fallen auf die Knie vor dem Mysterium Gottes.

Albert Nolan schreibt:

»Unser Wort ›Barmherzigkeit‹ (englisch: compassion) ist zu schwach, um auszudrücken, was Jesus bewegte. Das griechische Verb splagchnizomai, das in all diesen Texten verwendet wird, leitet sich aus dem Substantiv *splagchnon* her, was soviel bedeutet wie Eingeweide, Gedärme, Innereien oder Herz, also das Allerinnerste, aus dem Gefühle zu kommen scheinen. Das griechische Verb beschreibt einen Impuls, der aus dem Innersten aufwallt. Die Bibelübersetzer flüchteten sich daher in Umschreibungen wie ›Als er die vielen Menschen sah, ergriff ihn das Mitleid ...‹ (Gute Nachricht) oder ›... wurde er innerlich bewegt‹ (Rev. Elberfelder). Doch selbst solche Formulierungen können die Bandbreite des Griechischen nicht wiedergeben. Wir können jedoch ohne Zweifel davon ausgehen, dass Jesus hier von tiefen Emotionen ergriffen war.«[106]

Ein Christ, der über die Menschen in gottverlassenen Stadtvierteln weint, kennt den Schmerz, der sich wie eine Faust in seine Magengrube bohrt, wenn er die Verlorenheit der Schafe sieht, die den Hirten nicht kennen. Das Herz des gekreuzigten Herrn der Herrlichkeit verschließt sich nicht; er wendet sich nicht voller Abscheu und Empörung ab vor dem Elend und der Perversion der Menschheit. Es gibt kein Verbrechen, das so furchtbar, keine Sünde, die so verabscheuungswürdig wäre, dass sie am Fuße des Kreuzes zurückgeblieben wäre. »Fürwahr, er trug unsre Krankheit und lud auf sich unsre Schmerzen« (Jesaja 53,4). Wie ist das möglich?

Weil Jesus Gott ist.

Jesus ist die Fleischwerdung der Barmherzigkeit des Vaters. Meister Eckhart, ein Mystiker des 13. Jahrhunderts, schrieb: »Du magst Gott Liebe nennen; du magst Gott Güte nennen; doch der beste Name für ihn ist Barmherzigkeit.«[107] Alle erhabenen Titel, die ihm verliehen wurden – Sohn Gottes, Zweite Person der Heiligen Dreieinigkeit, Kyrios, Allherrscher und andere –, bedeuten nichts anderes, als dass Gott in ihm gegenwärtig war, in aller Fülle und auf einzigartige, untrügliche Weise. Durch Tischgemeinschaft, das Erzählen von Gleichnissen, durch Wunder und Heilungen, Predigten und Lehren und ein Leben der Barmherzigkeit ohne geografische Grenzen oder konfessionelle Spaltungen legte Jesus durch seine Person den Samen für das Reich Gottes auf Erden. Seine Worte und Taten verkörpern den Anbruch eines neuen Zeitalters der Geschichte – der messianischen Ära. Wenn seine heutigen Jünger liebevolles Interesse, eine offene, niemals verurteilende Gesinnung und barmherzige Fürsorge gegenüber ihren Brüdern und Schwestern zeigen, dann wird sichtbar, dass das Reich Gottes angebrochen ist. Das Kommen seines Reiches geht einher mit tief empfundenem Mitleid und unserer Barmherzigkeit. Dies ist der Weg der Herrschaft Gottes.

Was die Kirche für die verlorenen Schafe der Unterwelt tut, für die Armen auf den Müllhalden, für die Stammkunden des Rodeo Drive, für Menschen in reichen Gegenden und in Elendsvierteln gleichermaßen – überall dort, wo man den barmherzigen Gott nicht kennt –, entspringt nicht dem Reiz des Neuen, sondern unserer Verpflichtung der Liebe. »Wenn wir uns nicht der vordringlichen Aufgabe der Evangelisation verpflichten, machen wir uns des unverzeihlichen Mangels an Barmherzigkeit schuldig«, warnt das Lausanner Komitee für Weltevangelisation.[108]

Die Kirche oder die Bibel sind kein Ersatz für Gott; sie sind vielmehr Mittel zum Zweck, durch die wir bewusst mit Jesus Christus in Kontakt treten. Sie sind Orte der Begegnung mit dem barmherzigen Herrn, der sich auf ganz unterschiedliche Weise und in vielfältigen Temperamenten offenbart. Die Sündhaftigkeit und Verletzbarkeit seiner Nachfolger sind kein Hindernis, denn »(seine) Kraft ist in den Schwachen mächtig« (2. Korinther 12,9).

Ausschlaggebend bei allen evangelistischen Bemühungen ist allerdings das Bewusstsein, dass wir selbst die primäre Zielscheibe sind. Nicht »die anderen« sind arm, sündig und verloren, sondern wir. Erst wenn wir zugeben können, dass wir die kranken Sünder sind, die verlorenen Schafe, für die Jesus in die Welt kam, gehören wir zu den »Seligen«, die wissen, dass sie arm sind und dass ihnen das Reich Gottes gehört. Doch genug der pseudo-messianischen Reden! Schluss mit den vergeblichen Bemühungen, vor Gott gerecht zu erscheinen! Der Allmächtige hat uns längst durchschaut: »Ich kenne deine Werke, dass du weder kalt noch warm bist. Ach, dass du kalt oder warm wärest! Weil du aber lau bist und weder warm noch kalt, werde ich dich ausspeien aus meinem Munde. Du sprichst: Ich bin reich und habe genug und brauche nichts!, und weißt nicht, dass du elend und jämmerlich bist, arm, blind und bloß« (Offenbarung 3,15-17).

Wenn wir zu uns selbst zurückfinden, wenn wir über die Barmherzigkeit Jesu nachsinnen und erkennen: »Da bin ich gemeint!«, haben wir teil an seiner Gnade und verdienen die Bezeichnung »selig«. Jesus mahnt uns zur barmherzigen Fürsorge für andere, aber er fordert uns ebenso auf, mit uns selbst barmherzig zu sein. Wie viel Barmherzigkeit wir für andere aufbringen, liegt daran, inwieweit wir uns selbst angenommen haben.

Wenn wir die Barmherzigkeit Jesu ganz verinnerlicht haben und sie für uns zur Selbstverständlichkeit geworden ist, werden wir den Durchbruch zu einem Leben der Verantwortlichkeit für andere erfahren. Dabei ist die Situation ein Gewinn für beide Seiten: Durch barmherzige Fürsorge für unsere Mitmenschen werden wir selbst heil werden, und durch Barmherzigkeit mit uns selbst werden wir auch anderen Heilung schenken können. Solidarität mit menschlichem Leid macht denjenigen frei, der empfängt, und befreit gleichermaßen den, der sie schenkt, durch das Bewusstsein: »Der andere, das bin ich.«

Selbsthass ist ein unüberwindliches Hindernis in unserem Prozess des Wachstums und der Reife. Er bringt Interaktionen mit anderen zum Scheitern und macht uns unfähig, Liebe zu schenken oder zu empfangen. Wer sich selbst verachtet, wird nur negative Erfahrungen und Erinnerungen sammeln. Erwiesene Liebenswürdigkeiten oder aufmerksame Gesten werden als von Egoismus beeinflusste Handlungen betrachtet. Alle anderen Emotionen sind blockiert, und es überwiegt ein Gefühl der persönlichen Wertlosigkeit. Solche Menschen werden sich mehr und mehr verschließen und in Gesellschaft anderer immer unsicherer werden. Spricht man sie direkt darauf an, werden sie ihre tiefe Enttäuschung über ihren Mangel an geistlichem Wachstum ausdrücken und behaupten, es sei unwahrscheinlich, dass sich ihr Zustand noch einmal bessern könnte. Für andere zu sorgen ist unmöglich, wenn wir nicht gelernt haben, für uns selbst zu sorgen!

Ich habe das Thema dieses Buches nicht umsonst gewählt. Psychologen, Psychiater, Seelsorger und Beichtväter stehen mit beiden Beinen in der Wirklichkeit und widmen einen Großteil ihrer Zeit und Kraft solchen Menschen, die nie gelernt haben, sich selbst zu lieben.

Wer ist willens, das Manuskript des Selbsthasses umzuschreiben? Jesus Christus in seiner Barmherzigkeit. In einer Güte, mit Freundlichkeit und einem Verständnis für unsere menschliche

Schwachheit, wie nur er sie besitzt, befreit er uns von Entfremdung und Selbsthass und bietet jedem von uns eine neue Chance in unserer Zerbrochenheit. Er ist der Erlöser, der uns von uns selbst erlöst. Sein Evangelium ist im wahrsten Sinne des Wortes die Gute Nachricht! Jesus sagte sinngemäß: »Verbrennt die alten Tonbänder, die sich in eurem Kopf abspulen und euch zu Gefangenen und stereotypen Egoisten machen! Hört auf das neue Lied der Erlösung, das geschrieben wurde für alle, die um ihre geistliche Armut wissen. Sagt euch los von der Angst vor meinem Vater und von eurem Selbsthass.« Der »Spiegelritter« log Don Quijote an, als er sagte:

»Sieh dich selbst, wie du in Wirklichkeit bist. Begreife endlich, dass du kein edler Ritter bist, sondern eine lächerliche Vogelscheuche von einem Mann. Und der Hexenmeister erzählt dir Lügen, wenn er sagt: ›Du bist kein Ritter, sondern ein törichter Heuchler. Schau in den Spiegel der Wirklichkeit. Sieh die Dinge, wie sie wirklich sind. Was siehst du dort? Nichts als einen alternden Narr.‹ Der Vater der Lüge verdreht die Wahrheit und verzerrt die Wirklichkeit. Er ist der Urheber von Zynismus und Zweifel, Misstrauen und Verzweiflung, schlechten Gedanken und Selbsthass. Ich bin der Sohn der Barmherzigkeit. Du gehörst zu mir, und niemand wird dich aus meiner Hand reißen.«[109]

Gray schreibt:

»Sein herzliches Erbarmen macht uns fähig, uns selbst gegenüber barmherzig zu sein. Es ist die göttliche Barmherzigkeit, die Jesus in der Geschichte der Menschheit und in seinem eigenen Leben und Sterben verkörpert. Bevor von mir verlangt wird, dass ich meinen leidenden Brüdern und Schwestern gegenüber Barmherzigkeit zeige, werde ich aufgefordert, die Barmherzigkeit des Vaters in meinem eigenen Leben anzunehmen, mich von ihr verwandeln zu lassen und zu lernen, mit mir selbst fürsorglich und barmherzig umzugehen – in meinem eigenen Leid, meinem Versagen und meinen Bedürfnissen. Die liebende Gnade des Vaters wird in keiner Weise davon bestimmt, was wir sind oder tun. Er wird sich uns gegenüber immer gütig und barmherzig erweisen, ganz gleich, was wir sind oder tun. Er wird uns in seiner Güte und Barmherzigkeit begegnen, weil dies seinem Wesen entspricht, dem Wesen Abbas, des himmlischen Vaters. Deshalb sollten wir nie sagen, wir würden Gottes Gnade nicht mehr spüren, denn seine Güte und Treue hören niemals auf. Wir können uns seine Gnade nicht verdienen – denn seine Liebe ist und bleibt unfehlbar.«[110]

*Durch ein Leben der Barmherzigkeit durchleben wir die Passion Jesu.* Am Kreuz streckte er seine ausgebreiteten Arme hinaus in die Welt, um den Schmerz der Menschheit zu fühlen. Der Sohn der Barmherzigkeit wollte die Schuld, die Zurückweisung, die Schande und das Versagen seiner Brüder und Schwestern in sich aufnehmen und lud sie auf seine eigenen Schultern. Als er zu uns kam, geschah dies nicht mit der Wucht blendender, unerträglicher Herrlichkeit, sondern in aller Schwachheit, Verletzlichkeit und Bedürftigkeit. Am Kreuz war Jesus der nackte, gedemütigte, bloßgestellte Gott, der zulässt, dass wir ihm ganz nah kommen.

Es fällt schwer, sich jemandem zu öffnen, der auf alles eine Antwort hat, der stets kaltblütige Gelassenheit an den Tag legt, sich vor nichts und niemandem fürchtet, gegen alles gefeit ist, nichts und niemanden braucht und der sein Leben immer im Griff hat. Eine solche Person hinterlässt bei uns das Gefühl, überflüssig und minderwertig zu sein, und wir werden kaum von dem Betreffenden auch nur irgendeinen Rat annehmen. Jesus dagegen begegnet uns in aller Schwachheit und gibt uns damit die Chance, ihn zu lieben. Zugleich vermittelt er uns das Gefühl, dass auch wir ihm etwas zu geben haben. Jesaja prophezeite, der Messias würde sein »wie ein Lamm, das zur Schlachtbank geführt wird; und wie ein Schaf, das verstummt vor seinem Scherer« (Jesaja 53,7). Jesus, der das menschliche Herz kennt, ließ zu, dass man ihn mit dem Bild eines hilflosen, nicht besonders intelligenten Tieres in Verbindung bringt.

Die Welt hat andere Maßstäbe, was Stärke und Verletzbarkeit angeht. Wahre Stärke wird als Schwäche angesehen, wahre Freiheit als Versagen. Verletzlichkeit wird schlichtweg als Unfähigkeit und barmherzige Fürsorge für den Nächsten als unrentabel abgetan. Die große Täuschung des Werbefernsehens ist es, uns vorzugaukeln: Wer arm, verletzlich und schwach ist, der ist uncool und ineffizient. Machtspiele, Gewinnsucht und das Erklettern der Karriereleiter erzeugen einen Geist des Konkurrenzkampfes, neben dem Barmherzigkeit keinen Platz hat. Wer christliche Werte vertritt, wird belächelt oder erntet Unverständnis. »Das Thema von Beethovens Fünfter Symphonie dient im Werbefernsehen als Hintergrundmusik für eine Schmerzmittel-Reklame, und ein Haar-Conditioner wird uns mit Hilfe von Gebetsworten des Franz von Assisi verkauft.«[111]

Das Kreuz Jesu wird für Christen, die einen triumphierenden Retter suchen und ein Evangelium, das den Wohlstand predigt, wohl immer ein Skandal und eine Torheit sein. Und das sind nicht wenige Menschen. Sie sind Feinde des Kreuzes Christi. Jesus hätte keinen anderen Namen, mit dem man ihn würde nennen können, als den Namen des Gekreuzigten. Nur als der Mann am Kreuz ist er unverkennbar und nachweisbar[112]. Sein Leben war scheinbar ein Misserfolg, denn in seinem irdischen Dasein schien Jesus nichts bewirkt zu haben. Zum Schluss hing er an diesem Kreuz – verraten, ermordet, nackt und von Gott verlassen. Doch gerade in dieser Schwachheit und Verletzlichkeit sollte die Welt die Liebe des barmherzigen Vaters erkennen.

Die Theologin Rosemary Haughton schrieb:

»Das Widersprüchliche der Passion Christi ist, dass die Macht der Liebe, die um Gegenliebe wirbt, darin besteht, verletzlich zu sein. (...) Das nackte Leiden Jesu am Kreuz verkörpert weder Würde noch Schande, sondern nur vollkommene Schutzlosigkeit – ein Geschenk, das so absolut ist, dass die christliche Vorstellungskraft allzu oft versucht hat, das Grauen zu mildern, entweder durch die Interpretation, der Sohn Gottes hätte seinen gemarterten, irdischen Körper bereits zuvor verlassen oder durch die Sentimentalisierung der Kreuzigung, indem sie als eine Art göttliche Heldentat betrachtet wurde. Doch mit Heldentum hat das Kreuz nichts zu tun. Das Kreuz ist die Liebe.«[113]

Darin liegt die Herrlichkeit Jesu: In Schwachheit, Verletzlichkeit und scheinbarem Versagen hat er Jünger berufen, ihm nachzufolgen. Jünger, die bereit sind, sein Kreuz zu tragen und seine Passion durch ein Leben der Barmherzigkeit noch einmal zu durchleiden. Sie mögen von unserer Ellbogengesellschaft kaum wahrgenommen werden, abseits stehend und scheinbar unbedeutend für das Weltgeschehen. Bei ihrem Dienst, der oft im Verborgenen geschieht, geht es nicht um Gewinnen oder Verlieren, sondern um eine stille, beständige Präsenz. Sie mögen von der Welt ignoriert werden, doch sie bauen das Reich Gottes auf Erden, indem sie, in aller Verletzbarkeit und Schwachheit, am Leid ihrer Brüder und Schwestern Anteil nehmen. Wo immer Jesus mit seiner Barmherzigkeit ist, da sind jene zu finden, die ihm dienen. Ob am Times Square, in Juarez, am Rodeo Drive, in gutbürgerlichen Vorstadtvierteln, in einem Rehabilitationszentrum für Suchtkranke oder einem Klassenzimmer voller Achtklässler bleibt sein Wort bestehen: »Ich versichere euch, was ihr getan habt für meine geringsten Brüder und Schwestern, das habt ihr mir getan.«

Fundament und Merkmal eines Lebens der Integrität ist immer das Kreuz, auch in der Alltäglichkeit unserer Existenz, und das Leiden und die Leidenschaft Jesu Christi werden greifbar durch die Barmherzigkeit. Wenn wir dies für uns annehmen können, dann werden wir erkennen, worum es im Leben wirklich geht.

# Nachwort

Mein Ehrgeiz, in Ehren alt zu werden, verleitete mich zu einer Reihe bedauernswerter Experimente. In meinem Bestreben, auf meinen Seniorenstatus aufmerksam zu machen und auf den Respekt, den man mir aufgrund meines fortgeschrittenen Alters zu zollen hätte, ging ich davon aus, allein die Summe der Jahre würde ausreichen, um die Achtung meiner Mitmenschen hervorzurufen. Doch weit gefehlt. Schlagartig wurde mir bewusst, dass man mich ignorierte. Ich wurde grantig, pingelig, verbittert, herrisch, fühlte mich überflüssig und wurde letztendlich zum »Nobodaddy« (der »Großvater des Nichts«) nach dem satirischen Gedicht von William Blake. Nicht genug, dass man mir den Respekt des Alters vorenthielt, nach dem ich dürstete. Zusätzlich musste ich erleben, wie sich meine Mitmenschen über meine beginnende Senilität wissend zuzunicken schienen.

Als Nächstes pumpte ich mich mit allerlei Eisen- und Vitamintabletten voll und nahm ein umfangreiches Fitnessprogramm in Angriff, einschließlich der Stärkung der Bauchmuskulatur durch anstrengende Sit-ups. Zweifellos würden meine Familie und meine Freunde nicht schlecht staunen über einen Senioren mit prallem Bizeps, gestähltem Oberkörper und stromlinienförmiger Taille. Leider war das Gegenteil der Fall: Als Lohn für meine heldenhaften Bemühungen erntete ich vor allem Gelächter.

Doch ich gab nicht auf. Ich kam zu dem Schluss: Wer »interessant« sein will, der muss sich ein größeres Wissensspektrum aneignen. Schließlich hieß es nicht umsonst: Wissen ist Macht. Also verschlang ich sämtliche Gedichte, Biographien, Psychologie-Wälzer, Comics und dicke theologische Schinken – alles, was ich bekommen konnte. Ich traf mich mit »interessanten« Leuten, die vorwiegend an Geld dachten und über das Wetter redeten, in der Hoffnung, etwas von ihnen lernen zu können.

Zu meinem Erstaunen wurden sie, konfrontiert mit meiner facettenreichen Tiefgründigkeit, ins Innerste getroffen von meinem weitschweifigen Genius und traten beschämt den geordneten Rückzug an. »Rätselhaft«, sinnierte ich. Den beunruhigenden Gedanken, durch Gemeinheiten und anstößiges Benehmen die gewünschte Aufmerksamkeit zu erheischen, verwarf ich rasch wieder, nachdem ich ihn als dämonische Taktik entlarvt hatte, die der Feind gebrauchen wollte, um meinen Selbstwert zu zerstören.

In meiner Verzweiflung wandte ich mich an einen vertrauenswürdigen Freund. Er schaute mich zuerst etwas verwirrt an und empfahl mir dann ein erfrischendes, äußerst belebendes Buch: *Wisdom: The Feminine Face of God* des über 80-jährigen Daniel Berrigan. Erfreut stellte ich fest, dass der Autor genau das Thema behandelt, das mich bewegte: In Würde alt zu werden. Dabei rät er zu »Aufmerksamkeit, Klugheit und Urteilsvermögen«. Ferner weist er ausdrücklich darauf hin, wie wichtig es sei, zu den wesentlichen Elementen des christlichen Glaubens zurückzukehren: Gebet, Stille, Einsamkeit, Ehrlichkeit, die Sakramente und die Gemeinschaft mit anderen Christen. Und er fügt hinzu: »Wie hoch die Summe der Jahre auch sein mag: Lassen Sie sich durch nichts von diesem Weg abbringen.«[114]

Dieses undramatische Programm, in Ehren alt zu werden, habe ich bis heute beibehalten. Und je älter ich werde, desto öfter frage ich mich: »Wie gestalte ich mein Leben im Hinblick auf das Ziel, für immer bei Gott zu sein?« Gleichzeitig stelle ich fest, wie wichtig Transparenz für einen alten Mann wie mich ist. Und ich wundere mich, wie gefährlich es ist, das Geschenk des Lebens nicht zu lieben.

Auf meinem Weg des fortschreitenden Alterns fände ich es völlig unpassend, gekünstelte christliche Ratgeber, sentimentales Seelengesäusel und brave Meditationsbücher für Fromme zu schreiben. In diesem Buch habe ich meinem Herzen und meiner Sprache erlaubt zu sein, wie sie sind: roh und eindringlich, heil und havariert, ehrlich, provokativ und aus der Tiefe des Lebens schöpfend.

Als ich mit diesem Manuskript begann, riet mir ein Freund: »Schreibe dein Buch so, als ob du am Tag seiner Veröffentlichung sterben würdest.« Zweifellos eine melodramatische Blüte, doch im schwindenden Licht der Wintersonnenwende, betroffen über die fortgeschrittene Stunde, wird mir bewusst, wie unsagbar wichtig es ist, die Wahrheit zu verkünden und wie dringend notwendig, ein Leben der persönlichen Integrität zu führen.

Vielleicht konnten Sie zwischen den Zeilen dieses Buches einen flüchtigen Blick von Jesus erhaschen, so wie er in meinem Leben gegenwärtig ist – als Träumer und Erzähler von Gleichnissen, als Sinnbild des Vaters, als Diener, Freund, Erlöser und Feind des Selbsthasses. Jesus ist mein Herr, er ist Gott selbst, nicht aufgrund der erhabenen Titel, die ihm später verliehen wurden, sondern aufgrund seiner Barmherzigkeit. Jesus ist nicht barmherzig, weil er Gottes Sohn ist, sondern er ist der Sohn Gottes, weil er barmherzig ist in einer Weise, die sich unserem menschlichen Begreifen und unseren begrenzten Möglichkeiten entzieht.

Ich möchte mit einer Betrachtung schließen, die sich in den siebenundvierzig Jahren meiner Reise auf oft steinigen Pfaden immer wieder bewahrheitet hat: Wenn wir Jesus den Gütigen nennen, wird er gut zu uns sein; wenn wir ihn Liebe nennen, wird er liebevoll zu uns sein; doch wenn wir ihn den Barmherzigen nennen, wird er wissen, dass wir ihn erkannt haben.

# Anmerkungen

1 Flannery O'Connor: *The Complete Stories*, New York, Farrar, Strauss & Giroux 1971, S. 42-54

2 siehe: Blaise Pascal: *Gedanken*, Reclam Ditzingen 1997

3 James T. Burtchaell, C.S.C.: *Philemon's Problem*, Chicago, ACTA Foundation 1973, S. 18

4 Burtchaell: *Philemon's Problem*, S.18

5 Bernard Bush, Art. »Coping with God« in: *Coping: Fifth Boston Psychotheological Symposium*, Whitinsville, MA, Affirmation Books 1976, S. 28

6 Bush: »Coping with God«, S. 28

7 Bush: »Coping with God«, S. 58

8 David S. Burns, Art.: »The Perfectionist's Script for Self-Defeat« in: *Psychology Today*, Nov. 1980, S. 34

9 Gregory Baum: *Religion and Alienation: A Theological Reading of Sociology*, New York, Paulist Press 1975, S. 68

10 James Gaffney: *Newness of Life: A Modern Introduction to Catholic Ethics*, New York, Paulist Press 1979, S. 89

11 in: Blaise Pascal: *Gedanken*, Reclam Ditzingen 1997

12 Ernst Käsemann: *Der Ruf der Freiheit*, Mohr Tübingen 1968

13 Barbara Doherty: *I Am What I Do: Contemplation and Human Experience*, Chicago, Thomas More Press 1981, S. 12

14 John F. O'Grady: *Jesus, Lord and Christ*, New York, Paulist Press 1973, S. 14

15 O'Connor: *The Complete Stories*, S. 491

16 Edward Schillebeeckx: *Jesus: An Experiment in Christology*, New York, Seabury Press 1979, S. 165

17 Burtchaell: *Philemon's Problem*, S.18

18 siehe: Walter Kasper: *Jesus, der Christus*, Mainz 1974

19 Vincent Bilotta III, Art. »Guilty: For Betraying Who I Am«, *Guilt: Fifth Boston Psychotheological Symposium*, Whitinsville, MA, Affirmation Books 1980, S. 107

20 Bilotta III, Art. »Guilty: For Betraying Who I Am«, S. 107

21 Edward Schillebeeckx: *Jesus: An Experiment in Christology*, New York, Seabury Press 1979, S. 171-172; kursive Hervorhebungen B. Manning

22 siehe: Ernst Käsemann: *Der Ruf der Freiheit*, Mohr Tübingen 1968

23 Quelle unbekannt

24 Barbara Doherty: *I Am What I Do: Contemplation and Human Experience*, Chicago, Thomas More Press 1981, S. 211

25 Donald Senior, C.P.: *Jesus: A Gospel Portrait*, Cincinnati, Pflaum Standard 1975, S. 57

26 John F. O'Grady: *Models of Jesus*, Garden City, NY: Doubleday 1981, S. 146-147

27 Schillebeeckx: *Jesus*, S. 204-205

28 siehe: Walter Kasper: *Jesus, der Christus*, Mainz 1974

29 Robert Frost: *Our Heavenly Father*, Plainfield, NJ, Logos 1978, S. 44

30 O'Grady: *Models of Jesus*, S. 161

31 Zitiert in Anthony de Mello, S.J.: *Sadhana: A Way to God*, St. Louis: Institute of Jesuit Sources 1978, S. 134

32 James P. Mackey: *Jesus: The Man and the Myth,* New York, Paulist Press 1979, S. 170

33 Tad Guzie and John McIlhon: *The Forgiveness of Sin,* Chicago, Thomas More Press 1979, S. 38

34 Cynthia Pearl Maus: *Christ and the Fine Arts,* New York, Harper & Row 1938, S. 215

35 George Montague, C.M., kursive Hervorhebung von B. Manning. Zitat aus seinem Vortrag über Heilung bei der charismatischen Konferenz, Notre Dame, IN, Mai 1981

36 siehe: Ernst Käsemann: *Der Ruf der Freiheit,* Mohr Tübingen 1968

37 Hans Küng: Christ sein, Piper München 1974, S. 261

38 Albert Nolan, O.P.: *Jesus Before Christianity,* Maryknoll, NY: Orbis Books 1976, S. 117-118

39 Vincent Bilotta III, Art. »Guilty: For Betraying Who I Am«, *Guilt: Fifth Boston Psychotheological Symposium,* Whitinsville, MA, Affirmation Books 1980, S. 109

40 Peter van Breemen, S.J.: *Certain as the Dawn.* Der Autor zitiert aus seinem früheren Werk, *Called by Name,* Denville, NJ, Dimension Books 1980, S. 31

41 Albert E. Bailey, Autor von *The Gospel in Art,* zitiert in C. P. Maus: *Christ and the Fine Arts,* S. 173

42 Quelle: Notizen anlässlich einer Vorlesungsreihe mit dem Titel *The Prayer of Jesus* gehalten von Pater Francis Martin an der Loyola-Universität in New Orleans, Juli 1978

43 Mackey: *Jesus,* S. 135-136

44 Marcus Borg: *Meeting Jesus Again for the First Time,* San Francisco, HarperSanFrancisco 1994, S. 55

45 Borg: *Meeting Jesus Again for the First Time,* S. 55

46 Albert Nolan, O.P.: *Jesus Before Christianity,* Maryknoll, NY: Orbis Books 1976, S. 39

47 in: Albert Raffelt (Hrsg.): *Karl Rahner. Gebete des Lebens,* Herder Freiburg 1984

48 John F. O'Grady: *Jesus, Lord and Christ,* New York, Paulist Press 1973, S. 81

49 Nolan: *Jesus Before Christianity,* S. 38

50 Hans Küng: Christ sein, München, Piper Verlag 1974, S. 263

51 James Gaffney: *Newness of Life: A Modern Introduction to Catholic Ethics,* New York, Paulist Press 1979, S. 256

52 John McKenzie: *The New Testament Without Illusion,* Chicago, Thomas More Press 1980, S.155

53 John McKenzie: *What the Bible Says About the Problem of Contemporary Life,* Chicago, Thomas More Press 1984, S.45-46

54 Richard B. Hays: *The Moral Vision of the New Testament,* San Francisco 1996, S. 373

55 Hans Küng: *Christ sein,* Piper München 1974, S. 497-498, kursive Hervorhebung B. Manning

56 siehe: Joachim Jeremias: *Die Gleichnisse Jesu,* Vandenhoeck und Ruprecht Göttingen 1998

57 A. D. Sertillanges: *Jesus,* Denville, NJ, Dimension Books 1976, S. 36

58 Jon Sobrino, S.J.: *Christology at the Crossroads. A Latin American Approach,* Maryknoll, NY, Orbis Books 1978 S. 167

59 Zitiert in Gerald O'Collins, S.J.: *What Are They Saying About Jesus?,* New York, Paulist Press 1977, S. 61

60 Donald Senior, C.P.: *Jesus: A Gospel Portrait*, Cincinnati, Pflaum Standard 1975, S. 104

61 siehe: Joachim Jeremias: *Die Gleichnisse Jesu,* Vandenhoeck und Ruprecht Göttingen 1998

62 siehe: Jeremias: *Die Gleichnisse Jesu*

63 siehe: Jeremias: *Die Gleichnisse Jesu*

64 Simon Tugwell: *The Beatitudes. Soundings in Christian Traditions*, Springfield, IL, Templegate Publishers 1980, S. 23

65 John Shea: *Stories of God*, Chicago, Thomas More Press 1978, S. 187

66 M. Scott Peck: *The Road Less Traveled,* New York, Simon & Schuster 1978, S. 308

67 Peck: *The Road Less Traveled*, S. 305

68 siehe: Richard McBrien: *Lives of the Saints*, San Francisco, HarperSanFrancisco 2001, S. 52-54

69 Basil Pennington, O.C.S.O.: *Centering Prayer*, Garden City, NY, Doubleday 1980, S. 68-69

70 Henri J. M. Nouwen: *A Cry for Mercy*, Garden City, NY, Doubleday 1981, S. 23

71 Thomas Merton: *The Climate of Monastic Prayer*, zitiert in Pennington: *Centering Prayer*, S. 73

72 Simon Tugwell: *The Beatitudes. Soundings in Christian Traditions*, Springfield, IL, Templegate Publishers 1980, S. 15

73 M. Scott Peck: *The Road Less Traveled*, New York, Simon & Schuster 1978, S. 184

74 siehe: Ernst Käsemann: *Der Ruf der Freiheit*, Mohr Tübingen 1968

75 siehe: Ernst Käsemann: *Paulinische Perspektiven*, Mohr Tübingen 1969

76 Anthony de Mello, S.J.: *Sadhana: A Way to God*, St. Louis: Institute of Jesuit Sources 1978, S. 114-116

77 James P. Mackey: *Jesus: The Man and the Myth*, New York, Paulist Press 1979, S. 126

78 Oscar Cullman: *Christ and Time*, Philadelphia, Westminster Press 1956, S. 84. Die Erkenntnisse des Autors über das Verständnis von Zeit und Geschichte im Frühchristentum bilden die Basis meiner Betrachtungen.

79 Bernard Bassett S.J.: *Born for Friendship: The Spirit of Sir Thomas More*, New York, Sheed & Ward 1965, S.40

80 Bassett: *Born for Friendship*, S. 43

81 Bassett: *Born for Friendship*, S. 41

82 Bassett: *Born for Friendship*, S. 211

83 G. K. Chesterton: *The Fame of Blessed Thomas More*, New York, Sheed & Ward 1929, S. 63; zitiert von Bassett, Vorwort von *Born for Friendship*

84 Iris Murdoch: *The Nice and the Good*, New York, Penguin Books 1978, S. 315

85 Hans Küng: *Christ sein*, Piper München 1974

86 James P. Mackey: *Jesus: The Man and the Myth*, New York, Paulist Press 1979, S. 148

87 Adrian van Kaam: *Looking for Jesus*, Denville, NJ, Dimension Books 1978, S. 79

88 Donald P. Gray: *Jesus: The Way to Freedom*, Winona, MN, St. Mary's College Press 1972, S. 47. Dieses kleine, nur 72 Seiten starke Buch ist eine wissenschaftliche Studienausgabe, aber sehr empfehlenswert. Es ist vom frischen Wind des Evangeliums und vom Licht des Geistes durchdrungen. Grays Vision von Jesus ist belebend wie Regen, der auf dürres Land fällt.

89 Gray: *Jesus: The Way to Freedom*, S. 50

90 Mackey: *Jesus*, S. 265

91 *Collected Works of C. G. Jung*, übers. R. F. C. Hull, Princeton, NJ, Princeton University Press 1973; zitiert in Peck: *The Road Less Traveled*, New York, Simon & Schuster 1978, S. 17

92 Philomena Agudo, Art. »Intimacy with the Self vs. Self-Alienation« in *Intimacy: Fifth Boston Psychotheological Symposium*, Whitinsville, MA, Affirmation Books 1978, S. 18

93 Abraham H. Maslow: *The Farther Reaches of Human Nature*, New York, Esalen Books 1975; zitiert in ibd. S. 19

94 siehe Martha Nussbaum: *Upheavals of Thought*, Cambridge, U.K., Cambridge University Press 2001, S. 38

95 Kathleen E. Kelley, Art. »Never Grow Tired of Doing What Is Right« in *Fidelity: Fifth Boston Psychotheological Symposium*, Whitinsville, MA, Affirmation Books 1972, S. 122

96 Richard J. Foster: *Freedom of Simplicity*, San Francisco, HarperSanFrancisco 1981, S. 66

97 John Kavanaugh: *Following Christ in a Consumer Society*, Maryknoll, NY, Orbis Books 1992, S. xiii

98 John McKenzie: *What the Bible Says About the Problem of Contemporary Life*, Chicago, Thomas More Press 1984, S.252

99 Donald P. Gray: *Jesus: The Way to Freedom*, Winona, MN, St. Mary's College Press 1979, S. 70

100 Donald Senior, C.P.: *Jesus: A Gospel Portrait*, Cincinnati, Pflaum Standard 1975, S. 105

101 Marcus Borg: *Meeting Jesus Again for the First Time*, San Francisco, HarperSanFrancisco 1994, S. 53-54

102 Matthew Fox: *A Spirituality Named Compassion and the Healing of the Global Village, Humpty Dumpty, and Us*, New York, HarperCollins Publishers 1979, S. 32

103 Fox: *A Spirituality Named Compassion and the Healing of the Global Village*, S. 17

104 McKenzie: *What the Bible Says*, S. 157

105 John McKenzie, Art. »Jesus and Divorce« in *Commonweal*, 23. Mai 1980, S. 305

106 Albert Nolan, O.P.: *Jesus Before Christianity*, Maryknoll, NY: Orbis Books 1976, S. 28

107 Quelle unbekannt

108 Art. »The Thailand Statement« in *World Evangelization*, Information Bulletin Nr. 20 (eine Publikation des Lausanner Komitees für Weltevangelisation), Sept. 1980, S. 6; zitiert in Richard J. Foster: *Freedom of Simplicity*, San Francisco, HarperSanFrancisco 1981, S. 167

109 Miguel Cervantes: *Don Quixote de la Mancha*, versch. Ausgaben

110 Gray: *Jesus: The Way to Freedom*, S. 41

111 Fox: *A Spirituality Named Compassion*, S. 209

112 siehe: Ernst Käsemann: *Paulinische Perspektiven*, Mohr Tübingen 1969

113 Rosemary Haughton: *The Passionate God*, New York, Paulist Press 1981, S. 149

114 Daniel Berrigan: *Wisdom: The Feminine Face of God*, Chicago, Sheed & Ward 2001, S. 65

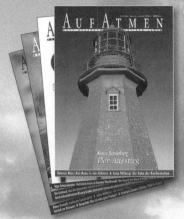

Brennan Manning

# Weil uns Gott unendlich liebt

128 Seiten, Paperback
Best.-Nr. 224.467

Brennan Manning zeigt, dass es Gottes leidenschaftliche Liebe zu uns unvollkommenen und verzagten Menschen ist, die uns von Furcht und Selbstablehnung befreit.

Gottes leidenschaftliche Liebe betrifft uns nicht nur in unseren »guten« Stunden, nicht nur in unserer Selbstzufriedenheit. Sie spricht alle Seiten unseres Lebens an, deckt behutsam unsere Selbsttäuschung auf und befähigt zu einer echten Annahme unserer selbst und unseres Nächsten.

Und Gott sehnt sich danach, dass wir seine Liebe annehmen.

R. BROCKHAUS VERLAG WUPPERTAL

Brennan Manning

# Verwegenes Vertrauen

160 Seiten, Paperback
Best.-Nr. 224.453

*»Brennan, du brauchst nicht mehr Erkenntnisse über den Glauben. Was du hast, reicht schon locker für die nächsten 300 Jahre. Du musst dem vertrauen, was du schon geschenkt bekommen hast. Leb das!«*

Diesen Satz eines Seelsorgers hat Brennan Manning zum Anlass für sein neues Buch genommen: Hör auf mit dem fruchtlosen Streben nach religiöser Leistung! Trau dich, das Evangelium zu ergreifen! Vertrau auf die Gnade Gottes! Ganz und jeden Tag!

R. BROCKHAUS VERLAG WUPPERTAL